Elogios para
Prospectos de alta calidad

"*Prospectos de alta calidad* es un libro increíblemente claro y fácil de digerir —hazaña difícil de lograr a la hora de ofrecerle al lector tanto valor práctico y táctico—. Por esa razón, debería considerarse como una lectura obligatoria para cualquiera que se desempeñe en el papel de prospecto o para aquellos que tengan que manejar a quienes lo sean".

—Max Altschuler,
Fundador de Sales Hacker

"Es un libro maravilloso que desglosa el proceso requerido para tener éxito en las ventas trazando una hoja de ruta que muestre cómo obtener clientes que generen los más altos beneficios. Aprende a identificar qué es en realidad una buena ganancia, cómo generarla y convertir a tus prospectos en clientes. ¡Claro que sí! ¡Esta es una gran lectura!".

—Trish Bertuzzi, Jefa de Estrategia
de The Bridge Group, Inc.

"Otra vez, Mark Hunter tiene razón. Si deseas ventas que te produzcan altos beneficios, comienza por leer *Prospectos de alta calidad*. Es un libro como pocos y te proporciona tanto las estrategias como las tácticas que necesitas para construir una fuente inagotable de recursos".

—Anthony Iannarino,
autor de *The Only Sales Guide You'll Ever Need*

"Si tus ingresos dependen de nuevos negocios, tú necesitas adquirir e implementar *Prospectos de alta calidad*. Mark Hunter te ofrece cientos de sugerencias, *scripts* y procesos ya comprobados para encontrar más prospectos, comunicarte con ellos y convertirlos en tus nuevos clientes. Así que adquiérelo y ponlo en práctica. Verás que tus ventas e ingresos aumentan dramáticamente".

—**Art Sobczak, autor de *Smart Calling:***
Eliminate the Fear, Failure and Rejection from
Cold Calling

"La parte más intimidante del proceso de las ventas no es la presentación, sino hacer el contacto inicial. Mark Hunter sabe muy bien cómo dominar este arte y ha establecido unas técnicas para que tú también las pongas en práctica. Cuando leas y apliques este libro, tus ingresos aumentarán. Y si todo lo que haces es implementar apenas una parte de lo que aprendas a lo largo de estas páginas, aun así, seguirás generando más y más negocios. ¡Por lo tanto, déjate de preámbulos y adéntrate de una vez por todas en esta lectura! Aprópiate de toda esta sabiduría y haz que marque la diferencia tanto en tu vida como en la de tus clientes".

—**Jim Cathcart,**
autor de *Relationship Selling*

"Una de las actividades más esenciales que los profesionales en ventas de primera línea, deben dominar para tener éxito, es aprovechar al máximo posible la gran cantidad de oportunidades de negocio que se les presentan en el camino. Sin embargo, no obtendrás ni galardones, ni ingresos que valgan la pena si todo lo que generas es un manantial de ofertas potenciales incoherentes y poco rentables. Hoy en día, prospectar sabiendo cómo utilizar todas las herramientas que tenemos a nuestra

disposición es tanto un arte como una ciencia. Debemos estar muy agradecidos de que Mark Hunter haya escrito la que bien podría convertirse en nuestra guía absoluta en este tema".
—Jonathan Farrington,
CEO de Top Sales World

"*Prospectos de alta calidad* no es un libro, sino una herramienta que todo vendedor necesita usar para abrir puertas y atraer prospectos. Esta es una lectura agradable y con valiosos mensajes que los vendedores podrán — y deberían— poner en práctica de inmediato. ¡Te sugiero que mantengas un marcador a la mano a medida que avanzas a lo largo de este maravilloso libro!".
—Lee B. Salz, estratega de gestión de ventas y autor de
Hire Right, Higher Profits

"*Prospectos de alta calidad* es un regalo para todo el que se proponga construir un flujo de ventas saludable. Sus páginas te proporcionan la combinación perfecta entre estrategias, tácticas y la motivación necesarias para correr en la dirección correcta, a gran velocidad y con el viento a tu favor".
—Jason Jordan, socio de Vantage Point Performance y
autor de *Cracking the Sales Management Code*

"Sin prospectos, ni siquiera los mejores vendedores podrán hacer ventas. He visto a muchos grandes profesionales en este campo abandonar su profesión por esta razón específica. Por fin, Mark Hunter te ofrece una guía —una verdadera biblia— sobre qué hacer para superar ese obstáculo con el que te encontrarás camino al éxito. *Prospectos de alta calidad* es un enfoque paso a paso del cual no te puedes perder, pues te indica todo lo que hay que hacer para generar una magnífica fuente de prospectos y cómo mantenerla siempre abundante. Si alguna vez has luchado con esta parte vital de las ventas, este libro es para ti. Nunca dudes en prospectar

una vez más. Simplemente, sigue las técnicas de *Prospectos de alta calidad* y dirígete rumbo al éxito en las ventas".
—Steve Keating CME, CSE, Gerente Sénior en Ventas y Desarrollo de Liderazgo de Toro

"Pregúntate: '¿Tendría más éxito si tuviera más prospectos de alta calidad?'. Si tu respuesta es sí, necesitas leer este libro. He estado en las ventas y en la capacitación en ventas durante más de 25 años y considero que este es uno de los libros más importantes que he leído con respecto al tema".
—John Spence, seleccionado como uno de los 100 mejores líderes de Trust Across America en cuanto al pensamiento empresarial americano

"Si deseas tener éxito en las ventas, debes dedicarle tiempo y atención a prospectar. De lo contrario, no lo lograrás. Mark Hunter te enseña a incrementar tu rendimiento y rentabilidad mediante la implementación de un eficiente sistema de prospección. Si quieres ser líder en ventas, ¡saca tiempo y lee *Prospectos de alta calidad!*".
—Laura Stack, Fundadora de The Productivity Pro, Inc. y autora de *Doing the Right Things Right*

"Si no te gusta prospectar, ten la seguridad de que estás perdiendo ventas. Y si odias hacerlo, es porque nunca aprendiste a prospectar de una manera estratégica que demuestre un alto nivel de confianza y que te genere la rentabilidad que tanto deseas. El libro de Mark Hunter te muestra cómo obtener más y mejores primeros contactos que conduzcan a cerrar más y más grandes negocios y a gran velocidad. Adquiere una copia de *Prospectos de alta calidad* tanto para ti como para todos los miembros de tu equipo. ¡SÍ, así de bueno es!".
—David Newman, autor de *Do It! Marketing*

"Lo mejor de la experiencia de Mark Hunter en la industria de las ventas se ha condensado en un libro fácil de leer. Con los mejores consejos, ejemplos de guiones, prácticas y técnicas invaluables, y con una nueva mirada a la forma de usar las redes sociales, *Prospectos de alta calidad* está preparado para convertirse en el trabajo más importante sobre cómo prospectar en el campo de las ventas".
—Jeff Shore, orador principal de ventas y autor de
Be Bold and Win the Sale

"La percepción popular de que la actividad de prospectar está muerta es seductora, pero al final, conduce a agendas vacías y a carreras de ventas fallidas. En *Prospectos de alta calidad*, Mark Hunter argumenta con total convicción que prospectar nunca ha sido tan esencial como hoy en día, incluso en el mundo actual del mercadeo centrado en las redes sociales. Este es, sin lugar a dudas, uno de los libros más valiosos que he leído con respecto a las ventas".
—Jeff Beals, autor de *Self Marketing*
Power* y *Selling Saturdays

"Mark Hunter es uno de los mejores expertos del mundo en ventas. Su obra les muestra tanto al novato como al veterano exitoso cómo prospectar de manera efectiva en el mundo actual, impulsado por la tecnología. Las ideas de Mark funcionan, pues él es un maestro cuando se trata de la prospección y la venta de valor. Esta es una lectura obligatoria para el profesional de ventas de cualquier producto o servicio".
—Ron Karr, autor de
Lead, Sell or Get Out of the Way

"En *Prospectos de alta calidad*, su nuevo y excelente libro, Mark Hunter desarticula con gran habilidad los mitos prevalecientes que han ido creciendo en torno a la venta moderna en general y a la prospección en particular siendo el principal de ellos el enfoque de cantidad contra calidad, tan adoptado por muchos vendedores. Mark propone una alternativa convincente acompañada de una guía inteligente y paso a paso que cualquier equipo de ventas podrá seguir para identificar a sus prospectos de mayor valor y comprometerse con ellos. ¡Otra gema de The Sales Hunter!".

—Andy Paul, líder en ventas,
escritor y conferencista

"Una vez más, Mark toma lo complejo y confuso y lo reduce a una fórmula fácil de entender, de tal manera que los vendedores puedan implementarla (y lo harán). Aprender a generar y administrar con éxito un canal de ventas es la habilidad # 1 que separa a los profesionales en ventas de mejor desempeño de todos los demás. Esa es una inversión que les pagará dividendos a lo largo de sus carreras. ¡Toma tu resaltador y prepárate para aprender de un verdadero maestro en las ventas!".

—Tim Wackel, entrenador en ventas,
orador principal y entrenador
ejecutivo de presentación

PROSPECTOS
DE ALTA CALIDAD

"Definitivamente, una lectura poderosa.
En esta obra encontrarás las mejores prácticas
vanguardistas para prospectar en el
mundo de los negocios de hoy".
—Eric Jacobson autor de: *On Management And Leadership*

PROSPECTOS
DE ALTA CALIDAD

Estrategias poderosas para encontrar
los mejores prospectos y motivar
un cambio instantáneo en tus ventas

MARK HUNTER

INTRODUCCIÓN DE **MIKE WEISBERG**
PRÓLOGO DE **JEB BLOUNT**

TALLER DEL ÉXITO

Prospectos de alta calidad

Copyright © 2020 - Taller del Éxito - Mark Hunter

Título original: *High profit prospecting*
Copyright© Published by arrangement with HarperCollins Leadership, a division of HaperCollins Focus, LLC.

Traducción al español: Copyright © 2019 Taller del Éxito, Inc.

Reservados todos los derechos. Ninguna parte de esta publicación puede ser reproducida, distribuida o transmitida por ninguna forma o medio, incluyendo: fotocopiado, grabación o cualquier otro método electrónico o mecánico, sin la autorización previa por escrito del autor o editor, excepto en el caso de breves reseñas utilizadas en críticas literarias y ciertos usos no comerciales dispuestos por la Ley de Derechos de Autor.

Publicado por:
Taller del Éxito, Inc.
1669 N.W. 144 Terrace, Suite 210
Sunrise, Florida 33323
Estados Unidos
www.tallerdelexito.com

Editorial dedicada a la difusión de libros y audiolibros de desarrollo y crecimiento personal, liderazgo y motivación.

Traducción y corrección de estilo: Nancy Camargo Cáceres
Diagramación y diseño de carátula: Joanna Blandon
Director de arte: Diego Cruz

ISBN: 978-1607385387

Printed in Colombia
Impreso en Colombia

Impreso por Editora Géminis S.A.S.

20 21 22 23 24 R|CK 06 05 04 03 02

Contenido

Prefacio 17

Introducción 21

Parte I
Verdades esenciales con
respecto a prospectar **25**

¿Qué significa prospectar hoy en día? 27

Mitos y realidades sobre cómo prospectar 37

Factores esenciales para generar prospectos 43

Parte II
Prepárate para prospectar con éxito **55**

Planifica para obtener clientes de alto rendimiento 57

Ajusta tu plan de prospección a tu mercado 67

Parte III
Consejos, herramientas y técnicas **77**

Tácticas de gestión del tiempo 79

¿Estás prospectando o desperdiciando tu tiempo? 85

¿Son prospectos o solamente sospechosos de serlo? 101

Cómo hacer el contacto inicial 113

¿Todavía funciona el teléfono? 121

Tu compromiso con el cliente
—lo que debes y no debes hacer 127

Herramientas de prospección
—el teléfono 135

Comenzando la conversación 141

¿Alguien escucha los correos de voz? 149

Correo electrónico, comunicación y conexión 161

Referidos y más prospectos 183

El valor y las trampas de las redes sociales 197

Cómo prospectar a través de las redes sociales 217

Parte IV
Aquí viene lo difícil **231**

Burlando al controlador de acceso 233

Ganando a nivel empresarial 239

¿Vale la pena intentar llegar a la C-Suite? 245

Atravesando puertas cerradas 261

Convirtiendo un prospecto en cliente 267

Conclusión: ¡Sí, tú puedes hacerlo! 277

Agradecimientos 281

Sobre el autor 283

Dedicado a mi maravillosa esposa, Ann Marie.

Gracias por hacer que el viaje
sea especial en todos los sentidos

Prefacio

En la actualidad, estamos afrontando una epidemia frenética en las ventas que está devorando el desempeño en este campo, impidiendo que las empresas alcancen sus objetivos de crecimiento, destruyendo su culturas de venta y socavando por igual las prometedoras carreras de los profesionales y líderes en ventas.

Hoy en día, el problema más grande que enfrentan los vendedores, los líderes en ventas, los ejecutivos y las compañías enteras se centra en las anémicas —y algunas veces, inexistentes— fuentes de ventas. Esa es la principal queja que recibo de los ejecutivos de nivel C con respecto a sus equipos de ventas. Incluso con el flujo de nuevas herramientas y tecnologías que permiten la identificación de prospectos y hacen la conexión con ellos más fácil que nunca, las compañías están luchando para que sus vendedores puedan prospectar constantemente.

Las habilidades requeridas para esta labor son básicas y fundamentales para cosechar éxitos en las ventas. Existe una línea directa que conecta la falta de prospectos con la falta de producción de ventas. Esta es la razón por la cual el 80% de los vendedores fracasa y es despedido durante su primer año: porque es renuente a prospectar.

Sin embargo, en los últimos años, he notado una tendencia inquietante: cada vez más, aparecen los autodenominados "gurús" que aseveran que, de una u otra forma, la prospección está muerta en la profesión de las ventas, complaciendo así a los vendedores temerosos o incómodos hacia tener que prospectar. Y a su paso, hay millones de vendedores "vegetarianos" (como le gusta llamarlos a mi amigo Anthony Iannarino) que no pueden o no quieren cazar.

En todo el espectro de la industria, los vendedores se sienten frustrados, fracasan y ganan mucho menos de lo que deberían, porque no saben cómo prospectar, ni tienen una guía, ni una estructura para hacerlo y están confundidos por el flujo interminable de mensajes mezclados que reciben de un lado y otro. Con tristeza, y la mayoría de las veces, en lugar de concentrar su tiempo y atención en identificar cuáles son las verdaderas causas de los problemas de rendimiento en sus ventas, lo que ellos hacen es ir en busca de píldoras mágicas con el sabor de su preferencia y de "soluciones fáciles" que, de manera frustrante, nunca parecen tener éxito, ni marcar la diferencia.

Los líderes en ventas que se ponen a sí mismos bajo intensa presión para producir resultados se dan cuenta que conducir a sus equipos de vendedores a encontrar o construir fuentes más grandes de prospectos —en muchos casos, con gritos y amenazas— es infructífero, puesto que sus vendedores no saben qué hacer. Fuera de eso, rara vez, los programas de capacitación en ventas ofrecen algún tipo de entrenamiento concienzudo sobre cómo prospectar de manera acertada. Es como si los vendedores debieran comenzar a trabajar contando desde el primer momento con la habilidad innata de abrir nuevas puertas, con un conjunto completo de técnicas para prospectar, sabiendo qué y cómo hacer para atraer prospectos a través de múltiples canales de prospección y contando con la fortaleza mental para mantenerse firmes frente al implacable rechazo.

La buena noticia es que es relativamente fácil desarrollar y acelerar la capacidad de prospectar y construir líneas de ventas que sean productivas. La clave está en saber cómo implementar un enfoque básico y unas técnicas adecuadas de prospección de ventas. Este nuevo enfoque comienza con desconectarnos de los pseudoexpertos que venden sus "productos de talla única para todos" y enfocarnos en maestros como Mark Hunter.

Mark ha ayudado a miles de profesionales en ventas a alcanzar su máximo rendimiento y es un asesor confiable para cientos de ejecutivos y compañías en todo el mundo. Está comprometido con enseñar tácticas y técnicas de prospección reales, que funcionan con prospectos reales en el mundo real. Él también ha estado en las trincheras como tú y sabe lo que hace. Por eso, a lo largo de esta lectura, te ayudará a comprender los *por qué* y los *cómo* que hay detrás de prospectar —la actividad más importante en las ventas—. Te dará una hoja de ruta para construir y ejecutar un plan diario de prospección que te llevará a la oficina principal *y* a la C-Suite. Paso a paso, obtendrás las técnicas y la confianza que necesitarás para construir y mantener una fuente de prospectos de alta calidad y altamente calificados. Siguiendo esta fórmula tan fácil de entender, pronto alcanzarás los niveles más altos de los rankings de ventas de tu empresa. Alista tu resaltador, pues este es un libro que leerás, releerás y consultarás con frecuencia.

Es hora de volver a incluir la prospección en las ventas.

—Jeb Blount,
CEO de Sales Gravy y autor de los *bestsellers*
Fanatical Prospecting y *People Buy You*

Introducción

T u línea de ventas está a punto de ensancharse y ser más
saludable. Tus ventas aumentarán. ¿Por qué hago esa
afirmación con tanta seguridad sin saber nada de ti?
Porque existe un pequeño secreto que todo experto en ventas
conoce y que es el mismo del cual Jeb Blount y Mark Hunter
son completamente conscientes: los verdaderos vendedores, los
que pertenecen al equipo de los mejores, los Tipo A, cumplen
sus metas mes tras mes y año tras año y saben con total certeza que ellos tienen la responsabilidad personal tanto de crear
como de identificar sus propias oportunidades de venta. Claro,
ellos se sienten más que felices de aprovechar una buena oportunidad cuando esta se presenta, pero saben que es a ellos a
quienes les corresponde asegurarse de que estas sean siempre
abundantes. ¿Y cuál es este gran secreto que mantiene sus agendas de trabajo llenas? Ser los mejores productores de prospectos
— ¡*To-do- el- tiem-po!*

Mi pasión por las ventas es desarrollar nuevos negocios y me
paso los días con equipos de ventas y vendedores observando

quiénes están teniendo éxito y quiénes no. ¿Me creerías si te digo que la razón más común por la que los vendedores no generan suficientes nuevos negocios es que ellos no saben cómo prospectar o no quieren hacerlo? ¡Así de simple! Es por eso que *Prospectos de alta calidad* está a punto de cambiar la trayectoria de tus resultados en las ventas, tu carrera y tu vida. Después de leer este libro, sabrás cómo hacer una prospección eficaz y, mejor aún, ¡querrás hacerla!

De manera poderosa, clara y práctica, Mark te brinda justo lo que necesitas para cumplir la promesa del subtítulo del libro: *estrategias poderosas para encontrar los mejores prospectos y motivar un cambio instantáneo en tus ventas*. En una progresión lógica y fácil de seguir, Mark te guía a través de los *por qué* y los *cómo* de la prospección efectiva. Con una espada afilada, él acaba con los mitos que existen sobre prospectar y silencia a los "gurús" insulsos del campo de las ventas de hoy que proclaman erróneamente que prospectar es una práctica que ya está muerta (Capítulo 2). Luego, se centra en la actitud, la mentalidad y la motivación (Capítulo 3) —las cuales son determinantes, pues nuestras creencias y motivaciones tienen un efecto mucho mayor en nuestros resultados que nuestras habilidades de venta.

Los capítulos 4 al 8 te ayudarán a planificar tu ataque, a identificar cuáles son y dónde están los escollos y las trampas que encontrarás en el camino; también te proporcionan definiciones útiles (por ejemplo, diferenciando a los *verdaderos prospectos* de los *inciertos*) y lo más importante, te muestran por qué el tiempo es tu recurso más valioso. No pases a la ligera por el Capítulo 6. Deja que el mensaje de Mark se sumerja en tu interior. Prospectar no es lo que más te llama la atención. Siempre habrá algo más atractivo, más urgente o más fácil de hacer. El hecho es que, si no destinas una parte de tu tiempo para prospectar, no lograrás tus metas y la dura realidad será que, aunque tengas la personalidad más apta para las ventas, las mejores técnicas para hacer contactos por vía telefónica y la mejor historia de ventas, si no tomas el control de tu calendario, ni te fijas citas contigo mismo para prospectar, no lo harás. Me encanta hacer énfasis en que nadie está nunca en modo prospectar por sí solo y Mark también es enfático y claro en este aspecto.

La sección media (capítulos 9 al18) es muy sustanciosa, pues te proporciona más sugerencias, herramientas y técnicas de prospección de las que te esperabas. *Prospectos de alta calidad* no solo explica desde cómo hacer la llamada telefónica inicial hasta cuáles son las estrategias de correo de voz más prácticas y todo lo que estas implican (cómo usar el correo electrónico, las referencias, las redes sociales y más), sino que también lo hace de manera tan enfocada y útil, que te ayuda incluso a configurar cuáles serán tus mejores precios y ganancias, y no solo la cantidad de tus clientes potenciales. Mark es un maestro en ayudarles a los vendedores a proteger sus ganancias y los ingeniosos enfoques que te ofrece en estos capítulos te ayudan a establecerte desde el primer contacto como alguien que merece un puesto en la mesa, pues les brinda valor a sus clientes.

El balance del libro (capítulos 19 al 23) te ayudará a ensancharte y elevar tu juego a niveles superiores. Mark te muestra cómo hacer todo lo difícil: sobreponerte (o hacerte amigo) de personas problemáticas; navegar por el laberinto y sobreaguar en circunstancias complejas a nivel empresarial; y determinar *cómo y cuándo* prospectar en la C-Suite (y cuando digo *cuándo*, quiero decir que, literalmente, te muestra las horas exactas del día más convenientes). El material en estos capítulos finales no tiene precio. Mark comparte la forma en que él prospectó magistralmente en los niveles más altos de las grandes organizaciones y te proporciona la hoja de ruta y las instrucciones para que tú también lo hagas.

¿Estás listo para dejar de vivir en modo reactivo, como *víctima* de lo que sea que se te presente? ¿Te gustaría saber qué hacen los principales productores de ventas día tras día para mantener sus agendas de trabajo llenas? Entonces, toma un lápiz y una libreta y comienza. Tus fuentes de prospectos, tus ventas, el beneficio que le aportas a tu empresa y tu carrera están a punto de mejorar significativamente.

—**Mike Weinberg,**
autor de los *bestsellers* de AMACOM.,
New Sales. Simplified. y *Sales Management. Simplified.*

PARTE I

Verdades esenciales con respecto a prospectar

CAPÍTULO 1

¿Qué significa prospectar hoy en día?

"¿Me ayudarás a encontrar más prospectos?". Desde 1998, me han hecho esta pregunta más que cualquier otra. Fue en ese entonces cuando comencé a hacer mis consultorías en ventas, después de haberme pasado más de 15 años desempeñando cargos en la administración de ventas y en ventas en varias compañías importantes. Sin importar el tamaño de la empresa, o de si la persona involucrada en esta actividad es un vicepresidente de ventas de una compañía de *Fortune* 500 o un vendedor en solitario, el problema primordial a la hora de vender siempre es prospectar. Claro, recibo preguntas sobre las etapas de cierre y negociación, pero a medida que profundizo, descubro que los problemas que surgen por el camino de las ventas se deben en gran parte a una mala prospección.

Lo único que ha cambiado con respecto a prospectar es cómo lo hacemos. Las estrategias que voy a mostrarte a lo largo de esta lectura son el resultado de años de trabajo con miles de vendedores en numerosas industrias, tanto de empresa a empresa (B2B, por su sigla en inglés) como de empresa a consumidor (B2C, por su sigla en inglés). Hace 10 años, la gente me preguntaba cuándo iba a escribir un libro sobre prospectar. Mi respuesta era: "No es el momento". Bueno, pues me complace en gran manera decir: este es el momento y que lo que encontrarás aquí no son *teorías*, ni *imaginaciones*, sino estrategias probadas y comprobadas. Hoy, miles de vendedores en numerosas industrias y países están usando las estrategias que te presento en este libro.

Pregúntate: "¿Tendría más éxito si tuviera más prospectos?". Tu respuesta es "sí" —por eso estás leyendo este libro—. La razón por la que los vendedores me preguntan sobre el tema de prospectar es porque, para la gran mayoría de ellos, la prospección no funciona de la manera que le gustaría que funcionara. Las estrategias que muchos están usando no les dan los resultados que ellos quieren. Además, el problema se complica con el hecho de que los vendedores tienden a estar abiertos a probar cualquier nueva idea que surja, incluso si no tiene mucho mérito. He visto que esto ocurre cuando vendedores en solitario, e incluso equipos de ventas enteros, adoptan de repente una buena idea solo para descubrir que, en pocas semanas, esta se enfría sin haber dejado resultados a la vista.

Es casi vergonzoso preguntarte si quiera si serías más exitoso si tuvieras más prospectos. Cuando el personal de ventas hace esa pregunta, mi respuesta siempre es un gigantesco "¡Sí!". Por supuesto que tendrían más éxito si mejoraran sus estrategias para prospectar. Es innegable que esta práctica *sí* funciona en el mundo actual de los negocios. Creo más que nunca que prospectar es esencial debido a lo que el internet le está haciendo al proceso de venta.

Falsas esperanzas / falsas promesas

Estoy sentado cerca de la parte trasera del salón de baile de un hotel lleno de casi 200 vendedores y dueños de negocios que les escuchan compartir a los "expertos en ventas" sobre cómo ellos construyeron sus negocios sin necesidad de hacer esfuerzo utilizando las redes sociales y el correo electrónico. Estos "expertos" afirman que, hoy en día, nadie contesta el teléfono y que, si quieres tener éxito en las ventas, tienes que vivir y respirar en las redes sociales que encuentras disponibles en internet. Cada experto le ha presentado al auditorio un plan en torno a cómo crear una presencia masiva mediante el uso de estas redes. "Los clientes acudirán a ti", afirman ellos.

Cada orador parece repetir, por lo menos 10 veces por hora, la frase "la modalidad de hacer llamadas en frío está muerta" y, al decirla desde el escenario, el público asiente con la cabeza en señal de aprobación.

Cuanto más hablan estos "expertos en ventas", más evidente es el hecho de que la audiencia se va hipnotizando con lo que ellos afirman y se hipnotiza aún más al escuchar los procesos que ellos utilizan. Todo parece tan fácil de hacer. Si compras los programas que te están vendiendo y sigues cada paso, tú también tendrás todos los prospectos que seas capaz de manejar. Y no solo tendrás todos los que necesitas, sino que además se convertirán en clientes que te comprarán una y otra vez. Con cada hora que pasa, la audiencia se va convenciendo más y más de las estrategias que escucha y la razón por la que está absorbiendo todo esto es porque muchos vendedores están cansados de ser rechazados, pues la gente ignora sus llamadas telefónicas y así ellos no logran generar prospectos de calidad.

La sesión final del día es un panel de discusión con todos los presentadores. Estoy sentado mirándolos responder a cada pregunta y admito que están manejando cada una de ellas bastante bien, hasta que alguien pregunta si lo que están haciendo no es nada más que llamadas en frío utilizando el correo electrónico en lugar del teléfono. A ese punto, no pude evitar reírme, porque los "expertos" que afirmaban que las llamadas en frío estaban muertas todavía las estaban haciendo. De hecho, habían hecho llamadas en frío y las sobrecargaron con una gran cantidad de correos electrónicos que les enviaron a sus prospectos.

El mayor problema de las reuniones y discusiones como la anterior es que son demasiado comunes. Rara vez, pasa una semana en que no reciba una llamada telefónica o un correo electrónico de un vendedor que lucha por hacer un contacto y se siente frustrado porque se pasó horas en una gran cantidad de sitios de redes sociales. Cuando les pregunto cuántas llamadas o contactos han hecho en los últimos meses, la respuesta común suele ser: "No he hecho nada de eso, porque estoy haciendo mi labor a través de los sitios de redes sociales".

Hoy, prospectar es tan relevante y necesario como siempre lo ha sido. Permitirte creer que lograrás construir un gran negocio sin tener que prospectar es, simplemente, una locura. Lo único que ha cambiado es cómo prospectamos y esa es mi intención con este libro —mostrarte cómo se prospecta hoy en día—. Para comprender qué es eso, permíteme compartirte cómo defino yo la actividad de prospectar:

Prospectar es una actividad realizada por los departamentos de ventas y / o mercadotecnia para identificar y calificar a posibles compradores potenciales.

No es una gran ciencia

Prospectar no es complejo. Piensa en esa definición y verás que, simplemente, significa encontrar personas que *puedan* y *quieran* comprar lo que tienes para ofrecerles. Muchos vendedores creen que, debido a que el internet ha cambiado todo con respecto a la forma en que la gente se comunica, ellos también necesitan usarlo para ser eficaces en su campo de acción. Yo estoy a favor de sacarle provecho y muchas de las estrategias compartidas aquí se basan en los beneficios que el internet nos brinda, pero aun así, no puedes confiar solo en él, pues a pesar de lo grande y poderoso que lo imaginamos, sería una tontería creer que los clientes querrán comprar nuestros productos y servicios sin ningún esfuerzo de prospección de parte nuestra. Prospectar es una actividad que todo vendedor debe adoptar utilizando una estrategia bien planificada. Claro, existen muchas campañas publicitarias excelentes, lanzamientos de nuevos productos y fanáticos delirantes que suelen generar muchos clientes, pero rara vez, estas diversas formas de adquirir clientes son sostenibles a largo plazo, sobre todo, en el caso de los vendedores y las empresas que trabajan en este sector a nivel de empresa a empresa (B2B por su sigla en inglés).

Antes de juzgarme como alguien en contra de cualquier cosa que el internet y las redes sociales logren hacer, escucha mi forma de pensar: estoy convencido de que tenemos que aprovechar todas las herramientas posibles y a nuestra disposición. A lo largo de esta lectura, daré ejemplos de cómo las redes sociales nos ayudan a explorar con mayor efectividad. Sí, es indudable que nos ayudan, pero no harán todo el trabajo por nosotros. Lo que verás es el impacto que tiene internet, independientemente de si tu proceso de venta es complejo o un ciclo de ventas corto.

Cuando la administración está mal, pero el administrador piensa que está bien

Una mañana, mientras caminaba por el Aeropuerto John Wayne rumbo a tomar un vuelo, escuché a alguien gritar mi nombre. Volteé a ver quién me llamaba y era el presidente de una compañía de servicios con sede en Chicago. Su empresa les vende más que todo a grandes corporaciones y casi siempre a través de contratos por varios años. Nuestros caminos ya se habían cruzado en pasadas conferencias de la industria en las que he participado como orador. El caso es que él me tomó del brazo, me dijo que necesitábamos hablar y me preguntó cuándo sería posible organizar una llamada o reunión conmigo para hablarme sobre una situación relacionada con su empresa.

Durante la charla, su problema resultó ser el mismo que les he escuchado a muchos otros directores ejecutivos y vicepresidentes de ventas: que todo el dinero que han estado invirtiendo en mercadotecnia no da tan buenos resultados como los esperados por sus juntas directivas y por las compañías de inversión dueñas de las empresas a las cuales ellos pertenecen. En su caso en particular, si bien era cierto que la empresa había crecido dramáticamente y por el camino había alcanzado una gran reputación en su industria, ahora el problema era que la industria estaba estancada. Como resultado, también lo estaban las ventas, motivo por el cual las empresas de inversión estaban inquietas y él sabía que era solo cuestión de tiempo antes de que la junta empezara a confrontarlo.

Luego, continuó diciendo que ya no tenía fe en su vicepresidente de ventas. Le pregunté por qué y de nuevo su respuesta fue una que he escuchado de muchos otros —que su vicepresidente de ventas tenía varios años alardeando de cuán bueno era su equipo de ventas y de cómo no tenía en él nada más que superestrellas—. A decir verdad, lo que él tenía no eran superestrellas, sino simples vendedores que hacían un gran trabajo negociando con prospectos de alto potencial porque su industria había sido muy buena en su campo.

Durante un período de sólido crecimiento, el equipo de ventas se alejó de la práctica de prospectar, pues no sentía que fuera necesario, ya que el teléfono seguía sonando. Para empeorar las cosas, el departamento de mercadeo creía que todo el éxito que estaba teniendo el equipo de ventas se debía a sus grandes esfuerzos de mercadeo. Cuando las ventas comenzaron a descender, la tarea que se le asignó a mercadeo fue aumentar el gasto, lo que llevaría a la empresa a aumentar las ventas. Sin embargo, después de dos años en esto, las ventas no subieron para la empresa, sino para sus competidores, pues incluso cuando los tiempos eran buenos, la competencia sí se mantuvo en la lucha, invirtiendo sus esfuerzos en prospectar. Bien pudieron haber tomado el camino fácil y dejar de hacerlo cuando los tiempos fueron buenos. De hecho, hasta pudieron haber reducido el personal y ahorrar dinero, pero ellos sí entendieron que prospectar funciona y que es un proceso crucial tanto en los tiempos buenos como en los malos.

La evolución de la práctica de prospectar

Hace 25 años, cuando vendía en el mercado de Minneapolis, nunca me tomó más de una o dos llamadas o visitas para que una persona dejara de ser solo un prospecto y se convirtiera en una nueva cuenta. Hace 18 años, cuando abrí mi empresa de consultoría, todavía no se necesitaban más de tres o cuatro llamadas telefónicas para encontrar un prospecto y transformarlo en cliente. Hoy en día, la mayoría de los vendedores diría que no tiene éxito en la búsqueda de prospectos usando solo el teléfono y que se necesitan muchos medios diferentes para encontrar un contacto, convertirlo en un prospecto viable y, en última instancia, llevarlo a que compre.

La caída del teléfono y la aparición del correo electrónico y de otras herramientas de comunicación no causaron la evolución de la prospección. Más bien, lo que la causó fue un cambio en el conocimiento. Hace 25 años, cuando estaba haciendo una prospección, yo tenía todo el conocimiento posible sobre mi producto —si un prospecto quería saber algo, era evidente que me necesitaba—. La cantidad de opciones que un prospecto tenía para elegir estaba limitada a lo que yo tuviera para ofrecerle. Hoy, el prospecto tiene el conocimiento y, junto con este, surge la posibilidad de elegir entre cualquier cantidad de opciones y compañías. Ahora, el prospecto tiene la posibilidad de ignorarte como vendedor, porque siente que: no eres necesario y solo le harás perder su tiempo y cuando esté listo para comprar, lo más probable es que realice su compra en línea, sin tener que ponerse en contacto con algún vendedor. Así las cosas, la evolución de la prospección no se debe a la cantidad de métodos de comunicación disponibles, sino más bien al cambio en cuanto a quién tiene el conocimiento.

En este orden de ideas, cuando comenzamos a ver cómo prospectar, comprendemos por qué la prospección es un problema tan grande. Por lo general, los vendedores y las compañías siguen uno de dos caminos. Uno, es seguir los métodos tradicionales de prospección centrados en el teléfono, el correo electrónico y quizá, en las visitas en persona. El otro, es saltar al extremo profundo de las redes sociales y poner todos sus recursos en beneficio de generar presencia en línea para atraer clientes potenciales. Sin embargo, ninguno de esos dos caminos es realmente exitoso por sí solo, sino que necesitan transitar por ambos. Como ya dije antes, el prospecto tiene acceso a más conocimientos, así que la única forma de contrarrestar este hecho es convenciéndolo de que tenga confianza en ti. Cuanto mayor sea el nivel de confianza que te tenga, mayor será la probabilidad de que hagas una venta. Sin embargo, la confianza no es algo que construyes después de que el prospecto ha decidido comprar; no, la confianza es un ingrediente que debes brindarle a un contacto para que se convierta en un prospecto. Te aseguro que, si no te tiene confianza, no dará ese paso ¡y argumentaré que será apenas un contacto!

Las ventas no son una ciencia, son un arte

He presentado cada capítulo de este libro para desafiarte en lo que estás haciendo actualmente y empujarte a un nuevo territorio. En los primeros capítulos, te llevaré a analizar tu proceso actual y, lo que es más importante, a pensar en quién y cómo es tu prospecto perfecto. Un error que muchos vendedores cometen es no identificar primero cuáles son esas características de sus clientes perfectos para luego trabajar en retrospectiva y así determinar quiénes son sus prospectos perfectos. Además, aunque intentes implementar todas y cada una de las estrategias que te comparto, no siempre es posible lograr resultados superiores, pues las ventas involucran demasiadas variables.

Si vender fuera una ciencia, sería mucho más fácil que los vendedores tuvieran éxito. Todo lo que tendrían que hacer sería seguir un determinado proceso a la perfección y listo. Sin embargo, las ventas son un arte y es por eso que tantos vendedores luchan por tener éxito en ellas, especialmente, cuando se enfrentan a la realidad de tener que prospectar y asumen una actitud hacia la prospección que lo único que manifiesta es que ellos solo harán lo que sea mínimamente necesario para alcanzar su meta de ventas y nada más. Una actitud como esa, les garantizará una sola cosa: que un día se despertarán y no tendrán a quién hacerle una venta, ni tendrán fuentes para hacerla.

CAPÍTULO 2

Mitos y realidades sobre cómo prospectar

Prospectar no es el misterio que muchas personas hacen que sea. Una vez, el propietario de una empresa me pidió reunirme con Dennis, el administrador quién dirigía la sucursal de ventas en Michigan, pues le preocupaba que todo el negocio que esta generaba provenía de solo tres clientes. Entonces, me reuní con Dennis para analizar la situación y, aunque él era consciente del problema, admitió que se sentía desorientado en cuanto a encontrar la mejor forma de corregirlo. La compañía operaba en una industria dinámica donde había muchas oportunidades. Su equipo de ventas consistía en cuatro vendedores internos cuyo único trabajo era atender a los clientes existentes y atraer más. Era evidente que el trabajo no era para nada confuso, pues los cuatro estaban bien informados en cuanto a cómo funcionan tanto el negocio como su industria.

Después de una conversación con ellos, descubrí que ninguno estaba tratando de encontrar nuevos clientes. Cuando les pregunté por qué, cada uno tenía una excusa. No sabían a quién llamar; nunca fueron entrenados; no tenían tiempo; y el último me dijo que, simplemente, estaban asustados. Le daré el crédito a este último de ser honesto. Los otros tres solo estaban dando excusas.

El problema no se limitó solo a los vendedores, porque Dennis, el administrador, también se excusó de por qué él no hacía llamadas de prospección. Todos estaban limitados frente a la creencia de que prospectar iba más allá de lo que ellos podían hacer. Tanto Dennis como su equipo permitieron que su miedo a prospectar y / o su desinterés en hacerlo no fueran controlados y, como resultado, prospectaban lo menos posible. Pensarás: "¿Cómo puede existir un equipo de ventas como este?". Buena pregunta. Sí, es inusual que todo un equipo de ventas parezca paralizado y no prospecte. Por lo general, en la mayoría de las organizaciones hay, por lo menos, algunos vendedores que prospectan.

Cuando los vendedores o los equipos de ventas huyen de prospectar es porque tienden a caer en uno o más de los que observo que son los seis grandes mitos de la prospección. Una creencia común, pero poco realista, la cual alimenta todos los mitos, es que, en algún momento, aparecerán nuevos clientes por arte de magia y por lo tanto, no hay razón para intentar buscarlos. Analiza los mitos que siguen y observa si alguno te suena familiar y descubre por qué has estado luchando frente al hecho de tener que prospectar.

Mito # 1:
Uno y listo

Uno y listo —o como algunos dirían, "esperar a ver qué pasa"— es cuando el vendedor hace un montón de llamadas que terminan en el correo de voz de sus contactos o les envían una tonelada de correos electrónicos. En ambos casos, el vendedor se sienta y espera a que le suene el teléfono y las órdenes le entren. Como es obvio, no pasa nada y todo el esfuerzo que él hizo para hacer una ronda de llamadas telefónicas termina desperdiciado.

La segunda modalidad de este mito se da cuando el vendedor comienza a quejarse con todo el que quiera escucharlo sobre por qué es verdad que prospectar no funciona. Después de contarles a suficientes personas, este vendedor comienza a creer lo que ha estado diciendo y pronto el mito se vuelve real en su vida. Para Dennis y su equipo de ventas, el mito de que prospectar no funciona es real porque ellos se permitieron creerlo. El resultado con Dennis y su equipo fue tal como cualquiera se imagina —perdieron su cuenta más grande y, 60 días después, todos estaban sin trabajo.

Mito # 2:
Prospectaré cuando haya terminado de atender a mis clientes actuales

Los vendedores con cuentas ya establecidas tienen este mito en alta estima. Saben que deberían estar prospectando, pero para ellos es muy claro que prospectar está en el último lugar en sus listas de prioridades. Su principal objetivo es asegurarse de cuidar adecuadamente a sus clientes actuales, pues la verdad, son su principal prioridad, ya que no quieren prospectar. Creen que es una actividad sólo para los nuevos vendedores. Y para

quedar bien ante los demás, llegan tan lejos que prefieren decir
que les encantaría prospectar, pero deben atender sus cuentas
existentes y no les da tiempo para hacerlo.

Mito # 3:
Es imposible sacar tiempo para solo prospectar

Vendedores de todo tipo viven este mito a diario. El argumento es que hay tantas cosas en marcha y tan poca coherencia en el día e incluso en la semana, que intentar programar
un horario para prospectar no funciona. Este es un mito en el
que la administración se involucra con demasiada frecuencia al
hacer solicitudes y demandas de último momento, las cuales
implican qué sus vendedores cambien sus actividades. Si no se
controla, este mito de no programar el tiempo también se ex-
tenderá a otras actividades cruciales. Antes de que te des cuenta, tu fuerza de ventas se encontrará en modo reactivo a todo.

Mito # 4:
Lo hemos logrado durante tanto
tiempo y sin tener que prospectar

Este es un mito que termina por hundir a las empresas.
Un cliente con el que trabajé al principio de mi carrera de
consultoría sufría de este mito. Cuando me contrató, la empresa
tenía apenas 10 años y durante ese tiempo había experimentado
gran crecimiento —producido al tener las relaciones adecuadas
en el momento adecuado con las personas adecuadas—. Sin
embargo, en varias ocasiones, a lo largo de la historia de la
compañía, esta se encontró en diversas encrucijadas al no tener
suficientes negocios que le permitieran permanecer abierta y, de
repente, como por arte de magia, surgía otra gran oportunidad.
Todos en la compañía creían que podían seguir viviendo según
esta tendencia —que no era otra cosa que suerte.

Este mito hacer pensar que es imposible que el fracaso suceda, pero sí sucede —en particular, con las pequeñas empresas que crecen demasiado rápido y nunca llegan a creer que es necesario prospectar, ni saben cómo hacerlo—. Esta compañía sobrevivió durante 20 años, pero solo porque formó parte de varias fusiones que le dieron crecimiento, estabilidad y una nueva fuerza de ventas que sabía cómo prospectar.

Mito # 5:
Si les brindamos un excelente servicio a nuestros clientes existentes, no tendremos que prospectar

El servicio al cliente es esencial, pero en sí mismo, rara vez genera los nuevos clientes necesarios para mantener el crecimiento o la cobertura de aquellos clientes perdidos debido a circunstancias imprevistas. Es genial ser conocido por un servicio óptimo de atención al cliente, pero ese simple hecho debe entusiasmarte y hacer que quieras prospectar.

Mito # 6:
Solo los "vendedores innatos" saben cómo prospectar

Este mito nunca desaparecerá. Cada vez que alguien alcanza el éxito a gran velocidad en su nuevo rol de ventas, la gente se apresura a decir que ese sí es "un vendedor innato". Sin duda, se trata de un cumplido para ese emprendedor, pero para otros, este parece ser un mito cada vez más válido —además de desalentador para quienes están luchando por prospectar—. El hecho de escuchar que alguien es un "vendedor innato" tiende a sustentar lo que muchos quieren creer acerca de sí mismos con respecto a por qué no tienen éxito prospectando. Así, asumen fácilmente que no pueden prospectar porque *no son* "vendedores natos".

Para ser exitoso prospectando no se requiere de un conjunto de habilidades que se supone que solo unas pocas personas poseen. En los siguientes capítulos, describiré los pasos que se necesitan no solo para superar estos mitos, sino también para convertirse en un vendedor de alto rendimiento. Prospectar no es una actividad opcional si quieres tener éxito. Por el contrario, es esencial.

CAPÍTULO 3

Factores esenciales para generar prospectos

Todos conocemos a alguien que es increíblemente brillante, pero nunca logra resultados importantes debido a su mala actitud. Hace unos años, me pidieron que trabajara con el equipo de vendedores de una empresa de servicios de transporte en el área de Dallas con el fin de ayudarle a aumentar sus ventas y, rápidamente, me encontré con que este era un gran problema allí. El equipo estaba compuesto por diversidad de personas, desde veteranos hasta nuevos empleados y cada uno tenía su propia personalidad y distintas habilidades. En poco tiempo, identifiqué a un vendedor en particular que, en mi opinión, era el más inteligente del equipo. Su nivel de conocimiento me impresionó y su comprensión de la industria de los camiones y transporte era increíble. Si alguien en el equipo necesitaba una respuesta a alguna pregunta, se dirigía a él.

Sin embargo, tan inteligente como era, los resultados que publicaba cada mes estaban casi al final de la lista de los vendedores de la oficina. Bastante pronto, comprendí por qué —era claro que se trataba de un técnico experto y que entendía bien las ventas, ¡pero su actitud apestaba!—. Apestaba tanto, que sus compañeros se alegraban cuando llamaba a reportar que se sentía enfermo. La broma entre algunos de los miembros del equipo era que ojalá surgiera algo que le impidiera ir a la oficina —o que un día el administrador se despertara decidido a despedirlo.

Piensa en esta persona por un momento. Era brillante y tenía todas las respuestas, pero obtenía resultados que no reflejaban su potencial. Al final, sus mayores fallas eran su actitud y su nivel de motivación. A la inversa, había otro vendedor en el equipo que no conocía muy bien el proceso de ventas y que además era nuevo tanto en el campo como en la industria, pero lo que le faltaba en conocimiento y experiencia lo compensaba con una actitud positiva contagiosa y con un nivel de motivación que lo llevaban a figurar en la parte superior de la lista.

¿Te relacionas de alguna manera con el equipo de ventas que acabo de describir? No espero que sientas que eres uno de esos dos tipos de persona, pero estoy seguro de que has visto matices de cada uno de ellos en tus colegas. Y siendo más específico, sospecho que también encontraste rasgos de ambos en ti mismo.

Si te estás preguntando cómo tuvo éxito este vendedor novato con tan solo un poco de conocimiento acompañado de una gran actitud, déjame decírtelo en seis palabras: ¡por su alto nivel de motivación! Sí, comenzó lento y durante los primeros meses obtuvo los peores resultados del equipo, pero con el tiempo, comenzó a escalar posiciones y no se detuvo hasta ocupar el puesto #1 en ventas. Además, no ocupó ese primer lugar solo por un mes — ¡sino mes tras mes!—. Con su actitud contagiosa, ayudó a elevar el rendimiento de todos en el equipo, excepto el de una persona. ¿Sabes a quién me refiero? Sí, adivinaste. Me refiero al vendedor que lo sabía *todo*, pero tenía cero motivaciones. ¿Cambió él? Quién sabe, pero le dieron el gran regalo de llevarse su mala actitud y su falta de motivación a otro lugar, pues al final, fue despedido.

El nivel de motivación que le pongas a la labor que desempeñas determinará los resultados que obtengas. Por esta razón, cada vez que busco contratar a un profesional en ventas, le doy más valor a su actitud que a su conocimiento. Un buen administrador puede enseñarle conocimiento a un empleado, pero no puede enseñarle motivación, ni la actitud adecuada. Si el candidato al cargo no entra en escena con una buena actitud, dudo que alguna vez la tenga.

Tu problema es tu actitud

Vamos a aclarar algo ahora mismo: prospectar puede ser difícil. Entonces ¿por qué hacerlo más difícil teniendo una mala actitud? Demasiada gente en el campo de las ventas no se da cuenta de cuánto destruye sus ventas debido a su actitud. Si no crees que una mala actitud marca una diferencia, pregúntate qué tanto más haces en un solo día cuando tienes una buena actitud, comparado con cuando tu actitud no es la más adecuada.

Mi buen amigo Mike Weinberg, quien escribió la introducción de este libro, tiene una excelente manera de ayudarle a la gente a entender la importancia del papel que juega la actitud en las ventas. En su último libro, *Sales Management. Simplified.*, él escribe:

"Las ventas son un tipo de trabajo único. Para hacerlo y tener éxito tienes que querer vender. Piensa en esa afirma-

ción por un minuto. Un vendedor tiene que querer vender. Si tu corazón no está en ello, no hay forma de prospectar de manera efectiva en busca de un nuevo negocio, ni de convencer a un cliente desafiante. Un vendedor déspota no tiene cómo representar bien a su compañía, ni a sí mismo, ni tiene cómo brindar una solución. Si su corazón no está comprometido, no luchará por ganar, ni podrá atraer a un prospecto, ni dará el paso adicional para hacer las preguntas difíciles, ni para superar la resistencia inicial, ni luchará duramente contra las objeciones, ni continuará buscando cerrar negocios que, por una u otra razón, se hayan complicado.

Lo que voy a decir, suena duro e incluso parcial, pero es cierto: un contador déspota puede hacer un gran trabajo con todo y su despotismo. Él no requiere de pasión para cerrar unos balances al final de cada mes. Un contador puede, literalmente, odiar su trabajo y, sin embargo, producir estados financieros precisos, oportunos y valiosos. Pero te deseo buena suerte al tratar de encontrar a un vendedor déspota que esté haciendo nuevos y buenos negocios y alcanzando su meta de ventas mes tras mes. Te garantizo que durarás buscándolo durante mucho tiempo porque ese vendedor no existe. Los vendedores con mala actitud y maltratadores no venden. No existe una tabla de las mejores posiciones para los más exitosos y a la vez déspotas en el campo de las ventas. ¿Por qué? Porque cuando la cultura antiventa de las empresas para la cuales ellos trabajan se sale de control, a ellos les toca irse con su mala actitud a otro lado".

¿De qué es de lo primero que tenemos que darnos cuenta con respecto a la actitud? De que depende de cada uno de nosotros determinar cuál será nuestra propia actitud. Esperar que alguien venga todas las mañanas y nos esparza "polvo de actitud" para que este nos otorgue la mejor de las actitudes no va a suceder. Cuando permitimos que factores fuera de nuestro control se apoderen de nuestra actitud, estamos condenados al fracaso. Siempre habrá personas que rechazarán tus llamadas telefónicas o harán declaraciones rápidas y desafortunadas sobre cómo se sienten hacia ti. La clave es no dejar que este tipo de situaciones te molesten.

El rechazo va con el territorio

El mejor ejemplo que tengo para compartir contigo en cuanto a no dejar que los factores externos te controlen está relacionado con los empleados de la recepción de los hoteles durante el turno de la noche. Ellos son los responsables de recibir a los huéspedes, entre quienes tal vez haya algunos que tuvieron alguna dificultad de camino al hotel. Como es obvio, los recepcionistas no saben nada al respecto, ni tienen ningún control sobre las situaciones de los huéspedes. Sin embargo, el huésped como tal está en libertad de elegir si tratar o no al recepcionista de turno de manera cortés. Quizá, no lo haga y lo más probable es que sea rudo sin la intención de serlo, pues su actitud osca es, simplemente, el resultado de un día difícil. Eso mismo es lo que te ocurre con las respuestas que recibes de algunas de las llamadas telefónicas que haces o de los correos electrónicos que envías. Tal vez, tu prospecto responda de una manera, la cual refleje las cosas que suceden en su vida en ese momento. No dejes que sus acciones impacten tus acciones. Tú eres mejor que eso y es probable que tu día no haya sido tan complicado como el de él.

Por lo tanto, toma cada llamada, cada correo electrónico o el medio de comunicación que estés utilizando como una oportunidad para impactar positivamente al contacto con el cual estás tratando de comunicarte. Tu capacidad para prospectar es un privilegio, porque estás creando una ocasión para proporcionarle a tu prospecto el mismo nivel de servicios o productos que ya les has brindado a otros clientes. Busca lo positivo sin importar de dónde provenga. Utilízalo como tu trampolín para incrementar tu buena actitud. Esta es la razón primordial por la cual les digo a los vendedores que, cuando vayan en su auto, no escuchen las señales negativas de quienes van con ellos en medio del tránsito, ni de quienes los rodean. Es sorprendente ver cómo lo que escuchas, ves y experimentas termina impactando casi de inmediato tu nivel de motivación.

¿Te comprarías a ti mismo?

Me encanta hacerles esta pregunta a los vendedores y, por mucho que quiera escuchar sus respuestas, es la forma en que lo dicen la que en verdad me transmite sus ideas. Por lo general, todos dirán que sí se comprarían a sí mismos, pero donde observo que las sumas no me dan es cuando comparo lo que ellos dicen con su tono de voz y su lenguaje corporal. Los vendedores que están motivados y tienen una gran actitud tienden a expresarse sin dudar con su lenguaje corporal y su tono de voz sobre las razones por la cuales se comprarían a sí mismos. Además, su voz es entusiasta y cada parte de su cuerpo está revelando el mismo nivel de energía.

Ahora, retrocede y comienza a pensar por un momento en tus prospectos y clientes. ¿Qué ven ellos en ti? Si no tienes una actitud tan segura como para creer en ti mismo, ¿por qué un prospecto sí deberá creer en ti? Los vendedores que confían en prospectar o tratan más que todo con clientes a quienes les harán una venta, están en una clara desventaja si no creen en sí mismos tanto como para comprarse a sí mismos. Su motivación y actitud provienen de su interior y están basadas en su sistema de creencias. Por eso, siempre digo: que el mayor activo de un vendedor es su propia actitud y personalidad y la forma en que lograrán aumentar su propio éxito en las ventas es a través de su motivación.

El primer paso es darte cuenta de que solo tú cambiarás tu actitud, y construirás un alto nivel de motivación. Esa es una decisión que tú tienes que tomar y de la cual te tienes que adueñar al 100%. Los vendedores de mejor desempeño y, para el caso, las personas de mejor desempeño en cualquier cosa, se suscriben a la premisa: "Esto no es responsabilidad de nadie más, sino mía".

La gente motivada exhibe disciplina en lo que hace y en cómo lo hace. Con respecto a prospectar, eso significa que hay vendedores que, a propósito, han establecido tiempos para prospectar cada día y así lo hacen. Ellos no solo *piensan* en hacerlo, sino lo hacen. Esto también aplica al proceso que utilizan. Creen en él y confían en que les dará los resultados necesarios. ¡Tan simple como eso! Esa es la única razón por la que escribí este libro y por la cual lo estás leyendo ahora mismo. Me comprometo a ayudarte a desarrollar un proceso el cual te comprometas a usar.

Las 7 cosas que la gente motivada hace para mantenerse entusiasta

Es indudable que las personas motivadas:

1. Ignoran las voces negativas de quienes las rodean. Tal vez, se trate de compañeros de la oficina y de amigos cuya actitud es negativa. Sean quienes sean, el caso es que están por todas partes y, si no tienes cuidado, también a ti te controlarán.

2. Se asocian con gente altamente motivada. Así como hay personas negativas en el mundo, también las hay positivas. Tu función debe ser asegurarte de pasar la mayor cantidad de tiempo posible en compañía de gente positiva. Esto podría significar que debas buscar personas fuera de tu lugar de trabajo porque quizá tu entorno está lleno de negatividad tóxica.

3. Suelen buscar lo positivo de las cosas, pues consideran que es un honor vivir cada día, aprender de los demás e impactar positivamente a quienes conocen. Por eso, sienten gran satisfacción al ayudarles a otros a alcanzar el éxito.

4. No se preocupan por lo que no pueden controlar, pero aceptan a gran velocidad el control de su propio mundo. No les ceden la batuta a otras personas, sino que están dispuestas a ser responsables de todo.

5. Siempre están aprendiendo. Se acercan a cada oportunidad de ventas para aprender algo nuevo y ese es el mismo enfoque que le dan a *todo* lo que hacen. El beneficio de lo que aprenden cada día es su forma de utilizarlo con el fin de mejorar aún más.

6. Saben que habrá tiempos difíciles, pero que estos no durarán para siempre. Son conscientes de mantenerse enfocadas en la solución, no en el problema. Las personas motivadas siempre ven las cosas en un marco de tiempo más largo que las personas negativas, quienes tienden a centrarse en la negatividad del momento en que se encuentran.

7. Establecen metas, se centran en alcanzarlas y celebran cada paso positivo que dan por el camino. Los objetivos que establecen están diseñados de tal modo que las motiven y las lleven a niveles de éxito más altos de los que otras personas estarían dispuestas a alcanzar.

Te sugiero encarecidamente que tomes un cuaderno y cada viernes registres el mayor éxito que tuviste esa semana que culmina. Luego, tómate un momento para celebrarlo sin tener en cuenta lo pequeño que te parezca. Después de darte un gran abrazo, escribe lo que quieres lograr la semana siguiente. Este

enfoque es simple y, sin embargo, bastante poderoso. Unos pocos meses después de hacer esto cada semana, verás el progreso
que estás logrando y la satisfacción de tus éxitos anteriores te
ayudará a aumentar cada vez más tu nivel de motivación. He
estado compartiendo esta técnica durante años y todavía me siguen sorprendiendo los comentarios que recibo meses e incluso
años más tarde por parte de vendedores que consideran que ha-
berla implementado es una de las mayores razones de su éxito.

Al final, todo se reduce a una simple creencia: si crees en lo
que haces y te das cuenta de que tu trabajo como vendedor es
ayudarles a otros a ver y lograr cosas que ellos no creían posibles, te sorprenderás de tu éxito.

¿Sí estarás enfocado?

Hemos estado discutiendo sobre motivación y actitud y de
cómo generan cierto nivel de enfoque. La forma más fácil de
saber si alguien está motivado es observando cómo trabaja. Si
las personas no están enfocadas, te apuesto a que no se están
sintiendo motivadas y sé que tendré razón el 98% del tiempo.
Estar enfocado y comprometido es propio de la gente motivada. Demasiados vendedores se asustan y cambian de dirección
a la primera señal de que algo va mal. ¡No es de extrañar que
tantos vendedores accedan tan rápido ante las demandas de sus
clientes! Habrá obstáculos. Surgirán cosas que indican que algo
no está funcionando como debería ser, pero eso no significa
que debas abandonar el proceso.

- ¿Te imaginas a Bill Gates en los primeros días de
  Microsoft dejando de trabajar solo porque ocurrió un
  pequeño problema?

- Me pregunto si Steve Jobs habría dejado de trabajar en el
  iPhone solo porque alguien le dijo algo que no le gustó.

- En ambos casos, sabemos que ellos no pararon. ¿Por qué, entonces, deberías tú detener todo y entrar en modo de pánico o idear un nuevo proceso al azar solo porque surja un pequeño problema? Una vez que hayas establecido tu proceso de ventas, cíñete a él. Tienes que darle tiempo. Si casi siempre te tomas un promedio de dos meses entre prospectar a un cliente y cerrar la venta, entonces procura utilizar tu proceso durante mínimo seis meses antes de pensar en evaluarlo.

Trata de hacer los ajustes necesarios por el camino. Eso está bien, pero no abandones el barco en la mitad del océano. La cantidad de tiempo que necesitas dedicarle a tu proceso de prospección debe ser, como mínimo, tres veces más amplia que tu proceso normal de adquisición de clientes. Decir que no funciona antes de darle suficiente tiempo te mantendrá en un estado continuo de cambios. Solo estarás en posición de evaluar la efectividad de un proceso de ventas después de haberlo realizado durante un tiempo extendido. Y no te autoengañes. Me parece que la verdadera razón por la que los vendedores no se dan cuenta de que su sistema de prospección no funciona es porque quieren tener una excusa para no tener que prospectar.

Es error del usuario, no del sistema

Muchos más sistemas de prospección fallan debido a un error del usuario que debido a un error del sistema. Este mensaje se aplica no solo a los vendedores, sino también a los gerentes de ventas, al departamento de marketing y a cualquier otra persona involucrada en el proceso de ventas. Las cosas toman tiempo. Un nuevo cliente no saldrá de la nada, ni de un momento a otro debido a una llamada telefónica o a un correo electrónico. Si la búsqueda fuera tan fácil, no necesitaríamos vendedores.

En la prospección, la clave es que evites desanimarte cuando algo no va bien. Debes ser capaz de soportar el rechazo una y otra vez. Ten en cuenta que, si prospectar fuera fácil, tu potencial para ganar mucho dinero no existiría —ya alguien habría creado una aplicación para hacerlo—. La razón por la que las ventas tienden a ser una profesión tan rentable se debe a la realidad de que muchas personas no saben cómo sobreponerse al rechazo en esta profesión y esto hace que no estén dispuestas a mantenerse enfocadas.

Los mejores vendedores con los que tengo el privilegio de interactuar tienen altos niveles de enfoque y manejo los cuales se reflejan en la forma en que ellos se niegan a permitir que un comentario de un cliente y ni siquiera una serie de eventos negativos de una serie de clientes o prospectos disminuyan su entusiasmo por hacer la próxima venta. Estos grandes triunfadores no solo tienen la actitud de continuar haciendo sus llamadas de ventas *después* de una venta, sino que además son capaces de hacer que las cosas sigan avanzando. Cuando la mayoría de los vendedores diría que una llamada de ventas terminó y que parece haber poco potencial para asegurar allí una venta, el vendedor de alto desempeño sabe hacer la pregunta correcta o el comentario indicado para volver a involucrar a su posible cliente.

Ahora ¿son ellos exitosos siempre? Por supuesto que no. Pero a lo largo del tiempo, obtendrán las suficientes victorias para llegar a la cima. El enfoque y el compromiso vienen de dentro. Es tu impulso personal el que te hace avanzar cuando todo lo demás te está diciendo que te detengas. La comparación que me gusta usar en este caso es el hecho de correr una maratón. No se necesita mucho para *iniciar* una maratón, pero se necesita un deportista comprometido para *terminarla*.

Correr una maratón es un acto que involucra tanto lo mental como lo físico, Muchos dirían que una maratón comienza con las piernas, pero termina con la mente. Si no lo tienes claro en tu mente, ni crees que lo lograrás, no hay forma de que el esfuerzo físico que hagas te lleve a la meta. Lo mismo ocurre con las ventas —quizá, conoces el proceso y los productos o servicios que vendes, pero si no te conoces a ti mismo, no tendrás éxito—. Tu actitud es la diferencia.

PARTE II

Prepárate para prospectar con éxito

Planifica para obtener clientes de alto rendimiento

L a definición de locura es continuar haciendo lo mismo una y otra vez esperando un resultado diferente. Desafortunadamente, este concepto define a la perfección las expectativas que existen en demasiados planes para prospectar y hacer ventas. Hubo una época en que pertenecí a ese mismo círculo. En octubre de 1998, cuando decidí dejar mi trabajo corporativo —junto con mi oficina esquinera— con el fin de comenzar mi negocio de consultoría, sentía que era capaz de lidiar de forma rápida y correcta con cualquier problema relacionado con las ventas que se me presentara. Pensaba que la clave para surgir y destacarme en el medio sería hacer por mí mismo lo que solía hacer por las empresas en las que había tenido tanto éxito. ¿Cómo podría irme mal? Al menos, eso era lo que pensaba.

A lo largo de los años, había ocupado importantes cargos relacionados con las ventas en varias corporaciones importantes y durante ese tiempo tuve la capacidad de venderles a otras compañías igualmente grandes. Mi sistema de creencias personales se basaba en la premisa de que había estado con las mejores compañías, vendiéndoles a los mejores clientes y eso significaba que yo era uno de los mejores en el campo. Mi error fue tratar de usar con mi nueva empresa de consultoría el mismo proceso de ventas y prospección que me había funcionado en las empresas anteriores. Y a pesar de mi percepción de que mi manera de prospectar no estaba funcionando, tenía muchas dudas con respecto a cambiarla. Supuse que, si me esforzaba lo suficiente, trabajaba el tiempo suficiente y permanecía enfocado en mis objetivos, tendría éxito. Bueno, pues anímate y dímelo —yo era la definición de locura—. Finalmente, después del dolor, la angustia, la tristeza, el estrés, y de todo lo demás que quieras agregarle a la mezcla, me di cuenta de que, si de verdad esperaba que mi empresa tuviera éxito, tendría que cambiar mi forma de prospectar.

Cuando se trata de sus negocios, demasiados vendedores nunca dan un paso atrás lo suficientemente importante como para que les permita darse cuenta de lo que necesitan cambiar. Es por eso que yo soy un gran defensor de observar siempre otras industrias distintas e ir más allá del lugar en el que trabajamos. Cuando solo miramos hacia adentro, es muy probable que tendamos a repetir lo mismo una y otra vez. La locura nos llega desde muchas direcciones, pero un ejemplo que veo con demasiada frecuencia es cuando ni las compañías, ni los equipos de ventas logran incorporar a sus mundos ideas exitosas de otras industrias. En mi caso, después de 18 meses tratando de hacer que las cosas funcionaran en mi nueva compañía, me di cuenta de que los cambios que tenía que hacer vendrían de áreas que nunca había pensado revisar. La decisión que tenía que tomar se centraba en cómo resolver mi disyuntiva: sería capaz de contentarme con ir tras bajas expectativas o me atrevería a desafiar el *statu quo* para encontrar una mejor manera de cumplir con mis propósitos empresariales.

Los prospectos no quieren promedios

Aquí es donde aceptar el promedio como suficiente termina destruyendo a demasiados vendedores e infinidad de empresas. Promedio es un nivel al que nadie debería aspirar. ¿Por qué quedarse en el promedio? Al hacerlo, le estás brindando una invitación abierta a tu competidor para que él se quede con tu negocio. Los prospectos no están buscando promedios, sino sobresalir; los únicos vendedores con los que quieren trabajar es con aquellos que compartan esa misma perspectiva. Si no cuestionas todos los aspectos de lo que haces, ni ves más allá de tu industria, ni desafías el proceso que estás siguiendo, lo que todo esto indica es que estás dispuesto a ser simplemente promedio. Sin embargo, ser promedio no te permitirá obtener los clientes que en realidad necesitas, ni alcanzar el nivel de éxito que sabes que eres capaz de lograr.

En las siguientes páginas, te enfrentarás a preguntas críticas. Mi objetivo con ellas es desafiar tu pensamiento y animarte a evaluar en dónde te encuentras hoy con el fin de que adquieras una visión de hacia dónde necesitas ir. A lo largo de los años, he tenido el privilegio de trabajar con miles de vendedores en numerosas industrias y en todos los tamaños y tipos de organizaciones centradas tanto en B2B como en B2C. Durante este tiempo, he desarrollado un conjunto sólido de preguntas útiles para evaluar el estado actual de las cosas. Si quieres cambiar, necesitas conocer a ciencia cierta cuál es la base de tu negocio.

Estas son las mismas preguntas que les hago a las empresas que me contratan como consultor. Al analizarlas, junto con empresas y vendedores, nunca he encontrado una situación en la que una organización o persona involucrada en las ventas no esté haciendo al menos algunas cosas bien. Usa estas preguntas para que te ayuden a orientarte en cuanto a la comprensión que necesitas para diferenciar aquello que te está funcionando de lo que no. ¡No te precipites a contestarlas! Por el momento, procura solo leerlas y continúa leyendo el resto del libro. Así está bien. Es cuestión de que no olvides retomarlas y de disponer del tiempo necesario para encontrar respuestas sólidas.

Las he dividido en dos grupos. El primero es de naturaleza más estratégica: estas preguntas tienen como propósito desafiarte a analizar cómo te ves a ti mismo y cómo te ven tus clientes. Las respuestas estarán más basadas en el pensamiento; pero recuerda, al final, lo que *tú* piensas no es lo primordial, sino lo que piensan tus clientes. El segundo grupo de preguntas es táctico y el propósito es ayudarte a comprender mejor tanto el proceso como su nivel de efectividad.

Las 7 preguntas estratégicas con respecto a tu forma de prospectar

1. ¿Es mi forma de prospectar convincente para mis prospectos?

Cuando digo "convincente", me refiero a la voluntad de tus prospectos para participar y para compartir contigo lo que ellos realmente quieren. Sin embargo, no lo harán a menos que tanto tú como tu proceso les parezcan convincentes y con todo el potencial para ayudarles a satisfacer sus necesidades.

2. ¿Mi forma de prospectar está haciendo que mis prospectos creen falsas expectativas sobre lo que vendo y,

por lo tanto, me obliga a dedicar tiempo más tarde en el proceso de venta a orientarlos mejor?

Nada socava más los beneficios de una empresa que tener clientes que exigen algo que sienten que se merecen basándose en los comentarios hechos por un vendedor.

3. ¿Es mi forma de prospectar lo suficientemente efectiva como para ayudarme a reducir la cantidad de tiempo que dedico negociando con mis prospectos y clientes?

Cuanto mejor sea tu forma de prospectar para encontrar y validar grandes clientes potenciales, más breve será la etapa de negociación para cerrar una venta.

4. ¿Mi forma de prospectar se enfoca más en compartir con mis prospectos y clientes lo que tengo para ofrecerles o está más enfocada en descubrir información sobre ellos?

Los procesos de prospección que no ponen en primer lugar el aprendizaje sobre tus prospectos y clientes solo darán como resultado un alto nivel de respuestas negativas de parte de ellos. No hay forma de tener éxito con tu forma de prospectar si vas tras contactos que no tengan el potencial para convertirse en prospectos.

5. Teniendo en cuenta los diferentes tipos de prospectos y clientes que existen, ¿está mi forma de prospectar segmentada de tal manera que me permita descubrir las necesidades de mis prospectos y clientes con mayor rapidez que si utilizo el mismo proceso para todos?

No todos los prospectos son iguales. Quizá, tengan el mismo perfil de compra, pero sus necesidades de comunicación pueden ser polos opuestos. Entre más rápido adaptes *tu forma* de prospectar a cada posible cliente, mayor será tu cantidad de ventas.

6. ¿Cómo me ven mis prospectos y clientes y cómo puedo ayudarlos?

La cantidad y los diferentes tipos de preguntas que te hagan tus clientes potenciales y estables durante el proceso de venta te ayudarán a comprender qué tan bien te ven tanto a ti como a lo que vendes.

7. ¿Cuánto tiempo le lleva a un contacto o prospecto tener confianza en mí?

Prospectar tiene que ver con construir confianza. Entre más pronto tengan ellos confianza en ti, más pronto podrás descubrir con precisión sus necesidades.

Las 30 preguntas tácticas para medir tu efectividad y tu proceso

Diseñé estas 30 preguntas para ayudarte a comenzar a separar los componentes individuales de lo que estás haciendo ahora para prospectar.

1. ¿De dónde provienen tus ventas? Haz un listado por tipo y porcentaje. Ejemplos: referidos, sitio web, llamadas en frío, marketing, etc.

2. ¿Qué porcentaje de cada tipo de cliente potencial cierras finalmente?

3. ¿Cuántas llamadas de ventas se necesitan para cerrar cada venta? Divide esta lista en categorías incluyendo llamadas telefónicas, correos de voz, reuniones en vivo, correos electrónicos, etc.

4. ¿Cuánto tiempo te lleva cerrar una venta desde el momento en que haces el primer contacto? Desglosa por fuente: referencia, trabajo en red, llamadas en frío, etc.

5. Según el tipo de cliente, haz una lista de las razones clave por las que cada cliente te dice por qué te compra.

6. Según el tipo de prospecto, haz una lista de las razones clave por las que cada uno te dice por qué no te va a comprar.

7. ¿Cuánto tiempo pasas cada día/semana interactuando con prospectos?

8. ¿Cuánto tiempo dedicas a las actividades de preparación para prospectar cada vez mejor? Divide estas actividades en categorías específicas con la cantidad de tiempo dedicado a cada una.

9. ¿Qué porcentaje de tus nuevos clientes se convierte en clientes habituales?

10. ¿Cuánto te representa un nuevo cliente en ventas brutas y ganancias netas en el primer año? ¿Qué tipo de cliente es el más rentable? ¿Cuál es el menos rentable?

11. ¿Hay algún producto o servicio en particular que atraiga a los nuevos clientes? ¿Esto varía según el tipo de prospecto?

12. ¿Hay alguna época del año en que los prospectos están más inclinados a tomar una decisión o a evitar tomarla?

13. ¿Cuál es el monto promedio de transacción por cada nuevo cliente?

14. ¿Cuál es el beneficio de una transacción promedio con un nuevo cliente?

15. ¿Cuál es el valor de tres años en ingresos y ganancias por cada nuevo cliente?

16. ¿El cliente tiene que comprar o lo que está comprando es puramente circunstancial?

17. ¿Cuáles son las opciones del cliente en caso de que decida no comprarte a ti?

18. ¿Es cada cliente nuevo que consigues un cliente perdido para otra persona?

19. ¿Es la decisión de compra de tus clientes de gran importancia para ellos?

20. ¿Qué porcentaje de tus prospectos te llega a través de referencias?

21. ¿Cuántos contactos acuden a ti a través de una referencia?

22. ¿Qué porcentaje de tus clientes está experimentando tu producto / industria por primera vez?

23. ¿Qué tanto impacto financiero tiene en el cliente la compra que te hace? Analiza esta pregunta teniendo en cuenta el flujo de efectivo, los recursos flexibles, etc.

24. ¿La decisión de compra del prospecto está orientada a prevenir un problema o a mejorar una oportunidad?

25. ¿Cuándo piensa el prospecto por primera vez en el costo de la compra?

26. ¿Cuánto tiempo sigue tu cliente promedio siendo tu cliente?

27. ¿La mayoría de tus nuevos clientes te compra un artículo/ servicio similar nuevamente? ¿Cuánto tiempo pasa para que te vuelvan a comprar?

28. ¿Cómo es la relación "después de la compra" con tu cliente?

29. ¿Qué nivel de conocimiento tienen tus prospectos promedio sobre tu industria y sobre lo que vendes cuando te pones en contacto con ellos por primera vez?

30. ¿Qué tan bien puedes hacer un perfil de tu cliente típico? ¿Esto te permite saber mejor cómo dirigirte a ellos?

Observa que no hay ninguna pregunta sobre el tipo de sistema de gestión de relaciones (Costumer Relationship Management CRM por su sigla en inglés) que utilizas con el cliente. Esto es intencional, ya que creo que muchos vendedores se apresuran a culpar de cualquier inconveniente en sus procesos de prospección al sistema de CRM que están o no usando. Lo siento, ese no es el caso en el 98% de todas las situaciones. ¿Creo yo que necesitas tener un sistema de CRM? Sí, absolutamente, pero recuerda que este sistema es solo una herramienta para *ayudarte* a hacer tu trabajo, no una herramienta que hace el trabajo por ti.

Usa las preguntas que he enumerado como una guía direccional que te ayudará a comenzar a determinar cómo necesitas modificar tu plan de prospección de ventas. Por lo general, yo les pido a los clientes que, después de que las respondan, vuelvan a revisarlas y busquen en ellas áreas que se destacan como oportunidades para mejorar. Quizá, te sorprendas, pero después de que un vendedor o un equipo de ventas responden estas preguntas, aún hay personas que terminan sin tener claras, por lo menos, una o dos áreas en las que ellas podrían mejorar. Tener las respuestas a estas preguntas y una idea de qué áreas necesitas desarrollar te ayudará a obtener aún más valor del resto de este libro.

CAPÍTULO 5

Ajusta tu plan de prospección a tu mercado

Por lo general, recibo correos electrónicos y llamadas telefónicas de vendedores que buscan consejos rápidos sobre cómo prospectar mejor. Un correo electrónico que se destacó entre unos cuantos fue el que recibí de un vendedor vinculado a una nueva empresa de servicios relacionados con la industria de la aviación en general cuya sede está en Europa. Para quienes no están familiarizados con esta industria, se trata de todo relacionado con volar, excluyendo las aerolíneas. Como he trabajado mucho en esta industria, me interesé casi de inmediato en ese mensaje. Su remitente quería que yo evaluara el plan de prospección que su compañía estaba usando, ya que, con demasiada frecuencia, no lograba cumplir con su meta de ventas. Además, me envió un resumen del plan que había estado siguiendo. Era claro que necesitaba hablar con él, pues me sorprendió lo que vi.

El plan consistía en identificar a cualquier persona que estuviera vinculada a la industria de la aviación general, llamarla, decirle todo lo que la compañía podía ofrecerle y luego solicitar un pedido. ¿El problema? Nadie en la industria necesitaba lo que su compañía ofrecía porque todo el mundo ya tenía sus proveedores. Al elaborar el plan de negocios, los propietarios de la empresa pensaron que, con el simple hecho de proponerlo, sus posibles clientes se cambiarían a sus productos y servicios de inmediato.

Si tú operaras un jet pequeño, y la seguridad fuera lo primero en lo que piensas todos los días, ¿harías negocios con una nueva compañía solo porque te contactó? ¡No! No hay ninguna manera de que pases de mantener una relación ya establecida con un proveedor que te está brindando el servicio que quieres a probar con una nueva empresa.

Durante mis conversaciones con este vendedor se hizo evidente que, en su desesperación por hacer clientes, él incluía en sus llamadas telefónicas y correos electrónicos una lista lo más completa posible de los servicios que ofrece su compañía. Y cuanto más desesperado se sentía, más larga era la lista y más empeoraba el problema. El hecho es que todo se reducía a tres cosas: una, él no sabía quién era el máximo responsable de tomar decisiones en cada empresa que contactaba; dos, no entendía las necesidades de sus posibles clientes; y tres, no tenía un plan para establecer confianza entre su empresa y ellos.

El contenido de este capítulo tiene como finalidad ayudarte a ahorrar enormes cantidades de tiempo y —en el mejor de los casos— a ganar grandes cantidades de dinero. Aprenderás cómo evitar ser el vendedor que acabo de describir. Tal vez, dirás que no eres como él y que tu compañía nunca tendría ese enfoque. Claro, la situación que compartí es extrema, pero no pienses ni por un momento que ni tú, ni tu empresa tienen áreas en las que necesitan mejorar. (De pronto, un mejor título para este capítulo debería ser "Cómo ahorrar tiempo y ganar más dinero"). Prospectar requiere de un proceso. Y aún más importante que tener un proceso es que este se adapte tanto a ti como a tu mercado.

¿Qué estás vendiendo? ¿A quién se lo estás vendiendo?

Estas son 7 preguntas que necesitas responder antes de elaborar tu plan de prospección:

1. ¿Vendo un producto consumible o que la gente compra con regularidad?

2. ¿Lo que vendo se considera una compra de rutina o es un gasto de capital / gasto mayor?

3. ¿Son mis clientes compradores profesionales que interactúan con numerosos vendedores?

4. Si el cliente decide no comprarme, ¿le está comprando a mi competidor o no está comprando nada?

5. En la actualidad, ¿mis prospectos le están comprando lo que vendo a otra persona?

6. ¿Lo que vendo se compra a través de un contrato, presupuesto o de algún otro tipo de proceso que incluya una fecha límite?

7. ¿Están familiarizados los clientes con lo que vendo o es algo sobre lo que necesito informarlos?

Revisemos cada una de estas 7 preguntas con mayor detalle y veamos lo que significan.

1. ¿Vendo un producto consumible o que la gente compra con regularidad?

Si el cliente está comprando con regularidad, significa que la frecuencia con la que deberíamos contactar al cliente potencial o prospecto podría ser tan frecuente como varias veces a la semana. Ejemplo de B2B: si estás vendiendo materiales de construcción, tus clientes potenciales suelen tomar decisiones de compra a diario, así que no sería excesivo contactarlos dos, tres, ni mucho menos cuatro veces por semana.

A la inversa, si estás vendiendo un producto o servicio que los clientes compran una sola vez al año, es posible que la frecuencia con la que debas contactarlos sea cada tres o cuatro meses. Ejemplo de B2C: si vendes servicios de control de plagas y, por lo general, es un contrato anual, sería apropiado contactar a tus prospectos mensualmente.

2. ¿Lo que vendo se considera una compra de rutina o es un gasto de capital / gasto mayor?

Casi siempre, los artículos que se consideran una compra de rutina no necesitan de tanto proceso de aprobación para que un cliente compre. Lo que esto significa es que el responsable de tomar la decisión de compra podría ocupar un cargo menor dentro de la organización.

Por otra parte, si lo que estás vendiendo se considera un gasto de capital, esto podría significar que, para obtener una venta, vas a tener que contactar a varios encargados de la toma de decisiones. Lo más probable es que debas planear tu estrategia para prospectar en torno a múltiples prospectos dentro de la misma compañía. Además, si se trata de un gasto de capital, lo más probable es que este haga parte de un plan anual, lo cual suele alargar el proceso de prospección a meses en lugar de semanas.

Una persona que vende seguros de vida u otros servicios financieros sabe que, por lo general, el proceso de toma de decisiones involucra a, por lo menos, dos personas y suele extenderse durante varios meses o incluso más, pues el cliente ejerce presión sobre ellas para que tomen la decisión correcta.

3. ¿Son mis clientes compradores profesionales que interactúan con numerosos vendedores?

Si estás prospectando entre compradores profesionales, estás tratando con expertos en cómo aprovecharse de los vendedores. Lo más probable es que ellos tengan como una de sus prácticas la de nunca reconocer los esfuerzos que hagas al prospectar hasta llegar a tal punto de llevarlos tomar la decisión de compra. Ese silencio no significa que no debas prospectar con ellos. No, lo que significa es que, en esos casos, la consistencia es clave, porque los compradores profesionales no quieren trabajar con vendedores en quienes no sientan confianza. Por esta razón es que, al prospectar, pocas cualidades generan más confianza que la coherencia.

4. Si el prospecto decide no comprarme, ¿le está comprando a mi competidor o no está comprando nada?

Si es evidente que tu prospecto te está comprando a ti y también a tu competidor, lo que esto significa es que tu proceso de prospección debe ser tan frecuente que te permita ir a la vanguardia en el proceso de venta y, para lograrlo, tendrás que hacer gran énfasis en el desarrollo de tu relación con tu prospecto durante un tiempo e irlo informando a lo largo del camino.

5. En la actualidad, ¿mis prospectos le están comprando lo que vendo a otra persona?

Este es, típicamente, el tipo más difícil de prospecto. Si tus prospectos ya le están comprando a otra persona, esto significa que tus esfuerzos de prospección están orientados a crear conciencia. Por lo general, a menos que tengas un punto de diferencia significativo, lo que estás esperando es que tu competencia tropiece. La ventaja es que, cuando por fin te ganes a ese prospecto, lo más probable es que se convierta en un cliente leal a largo plazo.

No pienses que este tipo de prospecto no es digno de tu tiempo. Sin lugar a duda, la competencia que ahora tiene esa cuenta en algún momento cometerá algún error o se presentará cualquier problema. Y, si te has tomado el tiempo para prospectarlo y crearle conciencia, podría ser a ti a quien él recurra a la hora de buscar un nuevo proveedor.

6. ¿Lo que vendo se compra a través de un contrato o presupuesto o de algún otro tipo de proceso que incluya una fecha límite?

Jamás enfatizaré lo suficiente sobre la necesidad que existe de que tengas cuidado si vendes de esta manera. Los clientes que utilizan este enfoque se involucrarán activamente con múltiples compañías al mismo tiempo, solo para enfrentarlas entre sí. Demasiados vendedores no entienden esto. Por lo tanto, tendrán lo que piensan que es un gran prospecto, solo para comprobar que este cambiará de idea y se irá y volverá a ellos una y otra vez. Estos posibles clientes también requieren de largos períodos de prospección (en ocasiones, incluso de varios años) debido a la duración de algunos contratos.

En estos casos, tus esfuerzos para prospectar deben ser dobles. Primero, necesitarás saber en qué parte de la línea del tiempo se encuentra tu prospecto y segundo, tendrás que construir tu credibilidad. Tu único objetivo es estar de primero en el proceso y no arriesgarte a ser el invitado a la fiesta en el último minuto. En última instancia, tu prospección se prolongará durante un largo tiempo si tienes múltiples contactos en la misma organización.

7. ¿Están familiarizados los clientes con lo que vendo o es algo sobre lo que necesito informarlos?

Si las personas con las que estás hablando no están familiarizadas con la forma en que puedes ayudarlas, tu proceso de prospección debe incluir tiempo y comunicación suficientes para permitirles informarse al respecto.

Un ejemplo de esto es cuando Apple lanzó su primer teléfono inteligente. Quienes se convirtieron en clientes de la compañía adoptaron el teléfono de inmediato, pero muchas personas tuvieron dudas porque Apple no les informó cómo podrían beneficiarse usando un Smartphone.

Ahora, ¿qué significan las respuestas a estas preguntas? Significan que el proceso que sigues debe adaptarse a tu mercado. No creas que puedes copiar lo que otra persona hace. Diseñé este libro para brindarte información y orientación y para ayudarte a elaborar el plan que mejor se adapte a tus objetivos.

Incluso después de que hayas desarrollado un proceso maestro, ten en cuenta que todavía habrá variaciones. Te encontrarás con resultados mucho menos lucrativos de lo que podrían o deberían ser. Sí, te tomará más tiempo separar tu método dependiendo del tipo específico de cliente, pero tendrás más éxito. Usa las preguntas presentadas en el Capítulo 4 para determinar dónde necesitas hacer estas variaciones.

Adapta tu plan a cada prospecto

De la misma manera en que estoy interesado en cada equipo de ventas e incluso en cada vendedor que tenga un plan de prospección que se adapte a los tipos de clientes, también estoy interesado en tener un plan a la medida de cada prospecto en particular. No es diferente a arreglar algo en tu casa. Es imposible usar la misma herramienta para arreglar todo; existen ciertas herramientas más apropiadas para ciertos trabajos. Por ejemplo, no vas a llegar a un gerente de alto nivel utilizando el mismo proceso que usarías para llegar a una persona que pertenece a un nivel empresarial inferior. Segmenta tus prospectos por el tipo de mensaje y de la estrategia con los que mejor los involucrarás. Es mucho más probable que una persona de nivel empresarial inferior atienda una llamada telefónica que una persona de nivel superior, quien no hablará con nadie en quien no confíe.

El mensaje y la estrategia también tendrán diferentes líneas de tiempo asociadas con ellos. Los plazos de prospección y la frecuencia de los mensajes variarán según la persona a la que intentas llegar. Otro ejemplo que utilizo es que, si estás vendiendo en el mercado educativo, tratar de llegar a un profesor al comienzo del año académico no funcionará. Por el contrario, si estás tratando de contactar a un estudiante graduado, el comienzo del año académico sería perfecto.

La frecuencia también varía. Una regla simple que me gusta seguir es: cuanto más alto en una organización esté mi contacto, o más conocedor sea, menos frecuentes serán mis llamadas y correos. Cuanto más baja sea su posición dentro de su organización, con más frecuencia podré contactarlo.

Cuanto más alto esté mi contacto en el organigrama de la organización a la que él pertenece, más me encontraré con intermediarios y más probable será que pueda contactarlo utilizando conexiones con las que ya él se sienta cómodo. Mientras más bajo esté en el organigrama, más probable será que el juego consista en, simplemente, estar ahí y hacerme notar.

Este tema surge mucho en las conversaciones, incluso cuando hablo con Anthony Iannarino, con quien trabajo a menudo y es mi buen amigo y una gran persona. Anthony tiene una perspectiva muy interesante con respecto a la posibilidad de adaptar tu mensaje. Esto es lo que él tiene para decir:

"No todos los clientes son creados iguales, ni tampoco todos los prospectos. Es fácil pasar tu tiempo con prospectos que son receptivos, que están dispuestos a reunirse contigo, pero los resultados reales que necesitas en ventas solo provienen de ir tras tus 'clientes soñados', esos prospectos a quienes puedes brindarles un valor impresionante, asombroso, que haga temblar la tierra.

Tus 'clientes soñados' te permiten obtener resultados reales y sostenibles. Nunca ganarás a estos clientes si no comienzas a invertir tu tiempo trabajando en ellos y con ellos ahora. No son fáciles de ganar y lograrlo lleva tiempo, pero ellos son los que te producen resultados de gran tamaño".

La talla única no es la mejor para todos

Tu objetivo es adaptar tu proceso de prospección en función del tipo de prospecto que tengas frente a ti y saber que la frecuencia, el momento, el mensaje y el proceso de entrega serán diferentes en todos los casos. Esto vuelve a vincularse con el primer elemento de la lista. Debes saber segmentar, y no pienses ni por un momento que se trata de segmentar lo que vendes.

La segmentación se centra en quién es el prospecto y en los resultados que este espera lograr. Por ejemplo, un tipo de prospecto podría considerar tu oferta como una forma de prevenir un dolor o un riesgo en su negocio. Otro prospecto quizá vea eso mismo que vendes como una buena forma de ganar una ventaja competitiva. Lo que esto significa es que tu enfoque y tu mensaje deben ser diferentes para cada cliente potencial. Lo que funciona para uno no va a funcionar para otro.

Con frecuencia, no sabrás cuáles son las necesidades específicas de cada uno de tus prospectos hasta que te reúnas con ellos. Lo cual implica variar tu proceso de prospección después del primer contacto. Por ejemplo, supongamos que estás vendiendo software y que los compradores que tienes como objetivo son departamentos de finanzas. La persona que compra el software para prevenir un riesgo es probablemente impulsada por una razón diferente a la de quien lo compra como una ventaja competitiva. Cuanto antes identifiques estas necesidades, antes podrás adaptar tu enfoque a cada quien. Vemos esto muchas veces en la industria de las mejoras para el hogar. El vendedor le está vendiendo al cónyuge que asume el rol de tomador de decisiones y todo el tiempo es esa persona la que establece las expectativas del hogar. En estos casos, el desafío es que muchas veces los prospectos pueden parecerse a ti en la superficie y es solo hasta después de haber tenido un primer contacto que sabes qué camino es el más conveniente tomar con ellos. Por eso es tan importante construir tu proceso de prospección en torno a la obtención de información.

La mejor manera de lograrlo es haciendo preguntas o planteando escenarios diseñados para permitirle a tu prospecto compartir su verdadera necesidad. Tu objetivo es revisar por qué tus clientes te han comprado en el pasado y usar esa información para desarrollar futuras opciones. En capítulos posteriores, profundizaremos en el tema de las preguntas y cómo usar diferentes tipos según la situación y con el fin de obtener los mejores resultados tanto para ti como para tu cliente.

PARTE III

Consejos, herramientas y técnicas

CAPÍTULO 6

Tácticas de gestión del tiempo

A l inicio de mi carrera como consultor, estaba trabajando con una compañía conocida por emplear genios creativos que diseñaban para la industria de bienes de consumo. Después de cada reunión con ellos, me sentía asombrado ante la clase de ideas que ellos generaban para sus clientes y de la diversión que sentían al ejecutarlas. Los vendedores eran veteranos de la industria y su función como administradores de cuentas era conseguir los suficientes proyectos como para mantener al equipo creativo ocupado.

El CEO me contrató para que les ayudara a hacer dos cosas: estabilizar su negocio y abrir nuevos segmentos de negocio en torno a los cuales pudieran construir una nueva división. El mayor problema que vi fue *cuándo* y *cómo* prospectarían. Tenían la filosofía errónea de que solo necesitaban prospectar cuando el negocio fuera lento. En la mente del vicepresidente de ventas, prospectar era un trabajo pesado y no se ajustaba al ambiente divertido y creativo que tenían, razón por la cual él no quería que nadie de la empresa prospectara. Además, sentía que hacerlos prospectar no era la manera más correcta de tratar a todos y cada uno de los miembros de un equipo de ventas veterano. Por lo tanto, cada vez que la compañía se encontraba ante una depresión, su solución era hacer que todos en el teléfono llamaran a los prospectos en una actividad que él llamaba un "teletón de prospección".

En teoría, la estrategia de un "teletón de prospección" no es desagradable, pero lo que lo convertía en una mala experiencia era el hecho de que, en este caso, hacían cero —y me refiero a *cero*— seguimiento de los prospectos generados durante aquel bombardeo. Casi por magia, uno o dos días después del bombardeo, algún negocio masivo caería del cielo. Entonces, el vicepresidente de ventas se sentía bien con respecto a los resultados y las pistas de los prospectos generados durante la campaña de prospección se desvanecían con la puesta del Sol. Los vendedores, simplemente, hacían lo que querían, cuidando a los clientes existentes e ignorando por completo lo que era necesario hacer para desarrollar nuevos negocios. El resultado fue como ya te imaginarás. Pasados seis o nueve meses, el vicepresidente de ventas declararía que el cielo se estaba cayendo y programaría un nuevo "teletón de prospección".

En mis conversaciones con cada gerente de cuenta, sus respuestas a mi pregunta sobre por qué no hicieron un seguimiento de los clientes potenciales de las campañas telefónicas fue siempre la misma. Cada uno dijo que era imposible encontrar el tiempo, ya que estaban sobrecargados cuidando el negocio existente. ¿Estaban *demasiado* ocupados? No, no estaban más ocupados que cualquier otro administrador de cuentas de cualquier otra compañía. En realidad, estaban demasiado ocupados porque se decían a sí mismos que estaban demasiado ocupados —de hecho, con frecuencia, empezaban a creerlo—. Su razón para decirlo era que no estaban dispuestos a soportar el que sentían que era un trabajo que estaba por debajo de lo que debería esperarse de un vendedor veterano.

Prospectar no es tu última actividad en tu lista de tareas pendientes

Prospectar no es algo que haces cuando no tienes nada más que hacer. Tampoco es algo que haces cuando de repente te encuentras sin suficientes clientes. Prospectar debe ser una actividad que practicas de forma regular. Piensa en prospectar como si se tratara de tomar una ducha. Te duchas a diario y también deberías prospectar a diario. No hacerlo así es ponerte a ti mismo en la situación de que tus ventas siempre estén afrontando el síndrome pico/valle.

Incluso si tienes gran éxito y no crees que tengas necesidad de prospectar porque tus clientes te quieren bastante, ¡la verdad es que debes prospectar de manera consistente! *Debes* asignarle tiempo a esta actividad en tu calendario y esto no significa simplemente agregarla a tu lista de cosas que *deseas* hacer. No, debes separar físicamente un tiempo en tu calendario. Como mínimo, sepáralo cada semana. Idealmente, hazlo todos los días. El tiempo que destines día a día aumentará tu probabilidad de hacerlo. Para demasiados vendedores, prospectar es lo último que quieren hacer por lo difícil que puede llegar a ser. Sin embargo, el simple hecho de anotarlo en tu lista de cosas por hacer no es suficiente.

Tiempo para prospectar significa que en realidad prospectas

El siguiente paso para asignar tiempo a prospectar es realmente hacerlo. Pensar en prospectar y prepararte para hacerlo no es prospectar. Demasiados vendedores tendrán una hora separada para esto en sus calendarios, solo para pasar toda la hora preparándose para prospectar, pero en realidad nunca lo hacen. Cuando asignes tiempo para prospectar, incluye tiempo para prepararte para hacerlo. Para la mayoría de los vendedores, esto significa apartar el doble de tiempo que creen que necesitarán. Cuando me preguntan cuánto tiempo deben dedicar los vendedores a esta actividad, mi propuesta es que dividan su calendario en cuartos. Si trabajas una semana de 40 horas, tienes cuatro cuartos cada semana y contienen 10 horas cada uno. Asigna los cuartos de la siguiente manera:

Prospectar. Desarrollando clientes potenciales y prospectos calificados.

Cuentas existentes. Conectándote con tus clientes existentes.

Llamadas de ventas/propuestas. Haciendo llamadas a prospectos en medio de las actividades propias de las ventas, de los prospectos de alto potencial y de los clientes con los que estás intentando cerrar más negocios.

Seguimiento/Administración de clientes. Atendiendo los problemas de los clientes, la asistencia a reuniones de ventas y la finalización del trabajo administrativo.

No me digas que no necesitas dedicar el 25% de tu tiempo a la prospección. Prospectar es lo que mantiene en marcha tu motor de ventas. Prospecta hoy y tendrá clientes potenciales para trabajar mañana, lo cual significa que tendrás personas a quienes venderles la próxima semana. A su vez, esto significa que estarás en capacidad de cerrar negocios y ganar dinero. No es una cuestión de cuánto tiempo debas prospectar; ¡Es una cuestión de cuánto éxito quieras tener!

¿Tu reloj coincide con el reloj de tu prospecto?

Cuando reserves cierto tiempo para hacer llamadas de prospección, hazte las siguientes preguntas: primera, ¿es este un momento en el que sea más probable que los tomadores de decisiones estén disponibles? Segunda, ¿es este un momento en el que estás mentalmente preparado? A veces, estos dos períodos entran en conflicto entre sí, y si lo hacen, te garantizo que dicho conflicto creará un problema. La solución es simple. Cuando tu fuente de prospectos esté vacía y no ganes suficiente dinero, comenzarás a cambiar tu forma de ver las cosas. Serás más exigente en lo que respecta a prepararte mentalmente y a hacer llamadas cuando los prospectos estén disponibles. El día o los días exactos de la semana y las horas del día que reserves para realizar llamadas de prospección variarán según a quién y a dónde llames. En el Capítulo 11, explicaré cómo determinar mejor los días y las horas que más funcionarán en tu situación.

Tu desafío es maximizar tus perspectivas al estar mentalmente preparado para llamar. *Debes* prepararte. Si simplemente ingresas en tu "zona de hacer llamadas a prospectos" a diario, te garantizo que tu tasa de éxito será cero.

No empieces lo que no puedes terminar

No lograré enfatizar lo suficiente sobre el hecho de que prospectar no se trata de hacer las llamadas iniciales, sino de la consistencia de las llamadas. Un gran error que muchos cometen al prospectar es pensar que son eficientes al hacer un montón de llamadas o al enviarles un correo electrónico a un grupo de prospectos *una vez*. La definición de prospectar es crear un nivel de conciencia con aquellos que puedes hacer negocios contigo. No lograrás ese objetivo haciendo una sola llamada telefónica, ni enviando un solo correo electrónico.

Antes de comenzar a prospectar, primero pregúntate si tienes el tiempo y la capacidad para hacer el número necesario de contactos de seguimiento con las personas que deseas prospectar. El simple hecho de responder a esta pregunta te ahorrará gran cantidad de tiempo. En pocas palabras, no estás siendo productivo en tus esfuerzos de prospección si no tienes un proceso efectivo para hacerle seguimiento a tu trabajo. Soy un gran defensor de tener bloques de tiempo específicos en tu calendario a los cuales te adhieras. Conocí a un gerente de ventas que siempre programaba reuniones de ventas en el mejor día de prospección de la semana.

Cuando lo desafié, él dijo que estaba tratando de facilitar las cosas porque ese era el único día a la semana que él sabía que todos sus vendedores estarían en la oficina. Lo estaba haciendo muy bien —si lo que pretendía era que su equipo tuviera una excusa para no prospectar y luego una excusa para explicar por qué nadie cumplía su meta de ventas.

CAPÍTULO 7

¿Estás prospectando o desperdiciando tu tiempo?

El problema es que muchos vendedores se dedican a actividades que creen que les traerán prospectos, pero en verdad, lo único que están haciendo es perder su tiempo. Por ejemplo, se pasan toneladas de horas en las redes con contactos que tienen cero potencial de ser sus clientes e incluso sabiéndolo, de todos modos, permanecen en red con ellos, pensando que, de alguna manera, estas personas les van a dar referencias increíbles como por arte de magia.

Generación contradictoria de prospectos

Si crees que encontrar clientes potenciales es responsabilidad del departamento de marketing y que por esa razón no tienes que preocuparte por buscarlos tú mismo, hazme un favor: deja de leer —no solo este capítulo, sino también el resto del libro—. Sí, una parte clave del trabajo de mercadeo es encontrar clientes potenciales que compren, pero las ventas también desempeñan un papel crucial en la búsqueda de clientes potenciales. Hasta este momento, no conozco a nadie que trabaje en ventas y sea de alto rendimiento y no crea que su responsabilidad sea buscar clientes potenciales y trabajar con ellos. Claro, estos líderes tomarán todo lo que el departamento de mercadeo les dé, pero ellos saben que los mejores contactos y prospectos serán aquellos que ellos mismos encuentren y cultiven.

Antes de continuar, definamos con toda claridad algunos términos clave en cuanto a prospectar:

Contactos: los nombres y la información de personas o entidades que, en tu opinión, podrían ser clientes viables para tu negocio. Es posible que vengan a ti como una ventaja entrante del área de mercadeo o, como yo prefiero, de las actividades que estás realizando.

Prospectos: personas y entidades que tú consideras que están calificadas en un grado u otro para convertirse en algún momento en tus clientes. La forma más probable de que se conviertan en prospectos se debe al diálogo que tengas con ellas.

Clientes: personas o entidades que ya te están comprando o que son prospectos bien desarrollados con quienes estás cerca de asegurar un pedido.

Dependiendo de tu industria, habrá ligeras variaciones en las definiciones, pero para los propósitos de este libro y de nuestras discusiones en el futuro, así es como definiré estos tres grupos.

Hace unos años, un importante fabricante de automóviles me contrató para que le ayudara a desarrollar un programa generador de contactos para que sus vendedores lo usaran en todos sus concesionarios. Piensa por un instante en esa tarea y en lo que se dice sobre los millones de dólares gastados en campañas publicitarias y en programas de mercadeo utilizados para atraer clientes. Sin embargo, incluso con todo el dinero que el fabricante estaba gastando, todavía no estaba alcanzando su potencial. Él sentía (y su investigación así lo confirmó) que la publicidad y el mercadeo hacen un gran trabajo para crear conciencia e impulsarán a *algunos* prospectos a comprar, pero no a los suficientes. Sus agencias de publicidad consideraban que la mejor manera de generar un rendimiento aún mayor con su presupuesto de publicidad sería utilizando a los vendedores como parte del proceso de generación de contactos.

Como vendedor, tú quieres el apoyo de un departamento de mercadeo fuerte. Desde mi propia experiencia como vendedor, fue mucho más fácil desarrollar nuevos negocios cuando el departamento de mercadeo de las compañías en las que trabajaba estaba haciendo su trabajo muy bien. Su función primordial es crear conciencia y ayudar a desarrollar clientes potenciales, pero los vendedores de alto rendimiento en cualquier industria saben que ellos también tienen que estar explorando.

El desafío es *dónde* encontrar los clientes potenciales y, lo que es más importante, cómo asegurarte de que aquellos que generas sean buenos. El siguiente capítulo trata sobre los clientes potenciales que califican y está dedicado a dónde encontrarlos.

A quién prospectas determinará el precio que obtengas

Antes de comenzar a discutir dónde encontrar contactos y prospectos de calidad, pongamos algo básico (aunque mal entendido) sobre la mesa desde ya. El tipo de clientes potenciales que obtengas determinará el precio al que vendas. El ejemplo que comparto cada vez que hablo sobre este tema es el siguiente: "Tú no puedes tomar a un comprador de Walmart y convertirlo en un cliente de Nordstrom". Los compradores de Walmart son impulsados por el precio, mientras que un cliente de Nordstrom es impulsado por la moda. Sí, ambos minoristas dirían mucho más que eso sobre sus mercados objetivo, pero estoy tratando de explicar mi punto con sencillez.

Si no obtienes el precio que deseas, lo más probable es que necesites analizar mucho más que solo tu proceso de venta. El problema podría ser tu forma de prospectar y, siendo más específico, *a quién* te diriges con ese fin. El precio que obtienes al cerrar la venta comienza con la persona a la que seleccionas para hacerle la venta. En la venta B2B, esto podría significar que estás apuntándole a la compañía correcta, pero no a la persona adecuada.

Prospectar no es una cuestión de salir detrás y perseguir a quien sea que quiera hablar contigo, ni de la persona que te reciba la primera vez que te abras camino en alguna compañía a la que estés tratando de contactarte. Prospectar consiste en saber enfocar tus esfuerzos en tu(s) contactos(s) con el mayor potencial para hacer no solo una venta, sino al mejor precio. La guía más fácil de seguir es recordar que los compradores que hacen negocios por razones *tácticas* tienden a ser compradores económicos. En cambio, los que compran basados en necesidades *estratégicas* son compradores de soluciones y siempre te brindarán una mejor oportunidad para maximizar el precio. ¿Qué significa todo esto para ti en el proceso de investigación? Significa mucho.

La clave es determinar desde el principio por qué el prospecto está dispuesto a conversar contigo. Si no está dispuesto a comentarte sus problemas, entonces tú no estás en el nivel indicado de la organización. No te dejes engañar por la idea de que solo porque estás hablando de lo que estás vendiendo con el "usuario" o el "propietario lograrás maximizar el precio. Muchos "usuarios" están ubicados a niveles tan bajos dentro de su organización que no tienen control sobre el presupuesto, lo cual significa que, aunque pueden ser un "usuario", en realidad no son más que un comprador económico. Si vendes muebles para bebés, sabes que el bebé es el usuario de los muebles, pero que es indiscutible que él no es quien toma las decisiones.

Sin embargo, aun así, ellos pueden ser una fuente de información valiosa para ti, pero el contacto con el que en verdad necesitas entablar una conversación de ventas e identificar como el comprador potencial es el que reconoce que lo que ofreces es un beneficio *estratégico*. Encuentra el prospecto con orientación estratégica y tendrás menos presión para descontar el precio cuando cierres la venta.

En los próximos capítulos, profundizaré más en estos temas, pero mientras tanto, quiero que recuerdes siempre que no se trata solo de conseguir contactos, sino de trabajar con los *buenos*, es decir, con los que veas que tienen el potencial de convertirse en clientes a largo plazo.

Ama a aquellos con los que estás

Nunca desperdicies la oportunidad de preguntarles a tus cliente actuales quién más podría beneficiarse de lo que vendes. La clave para convertir a los nuevos contactos en clientes potenciales es pidiéndoles a tus clientes actuales que te den la oportunidad de presentarte a un nuevo cliente potencial.

Un buen amigo mío, Bill Cates, decidió que su misión en la vida sería mostrarle a la gente cómo obtener contactos. Su enfoque: pedirle a tu cliente una oportunidad de conocer más genta cada vez que le hayas brindado un producto o servicio de valor. Bill es tan respetado en su área de trabajo, que se le conoce como "entrenador de referencias". Pocos vendedores llegan tan lejos cuando trabajan con referencias, pero los que sí lo hacen, son de alto rendimiento. Después de que el cliente te haya dado un nombre, pregúntele si sería tan amable de presentarte a esa persona bien sea por correo electrónico, por teléfono o por cualquier otro medio posible. Explicaré sobre esto más adelante, en el Capítulo 16, dedicado por completo al arte de los referidos.

Recibe a los clientes de tu competencia

La razón por la cual estas personas no solo son un contacto, sino también un gran prospecto es porque ya han comprado lo mismo que tú vendes. El único problema es que se lo están comprando a alguien más. Sin embargo, te conviene conectarte con ellas con cierta frecuencia. Así, cuando el otro proveedor falle por una razón o por otra, tú serás el primero en la mente de esos posibles clientes y te pedirán ayuda.

La emoción de elegir nuevos clientes de esta manera es increíble. Para mí, este enfoque es, por muchas razones, la forma más fácil de generar prospectos, pues no tienes que educarlos —demasiados vendedores pierden demasiado tiempo buscando prospectos porque los únicos clientes potenciales que buscan son aquellos a quienes tienen que educar.

Me sorprende ver la cantidad de vendedores que tienen miedo de usar este enfoque. No es sorprendente que ellos sean los mismos vendedores que luchan día tras día para lograr su meta de ventas. Solo ten en cuenta que, si tú les estás haciendo eso a tus competidores, entonces, si ellos son inteligentes, también te lo están haciendo a ti. ¿Comprendes a lo que me refiero? La mejor manera de mantener a un cliente es asegurándote de estar cuidándolo y atendiéndolo.

Llena el autobús que estás conduciendo

Cada organización tiene un volumen de negocios —en estos días, es frecuente que la gente vaya de una compañía a otra—.

Una excelente manera de captar un nuevo cliente es teniendo a alguien con quien estés familiarizado y quiera ayudarte a contactar a su nuevo empleador. Además, tus clientes actuales también podrían tener contactos con otras divisiones, unidades operativas, etc. Una vez más, esta es una manera bastante fácil de obtener nuevos clientes potenciales. Siempre trato de adoptar el enfoque más sencillo posible y no me interesa de dónde consigo clientes potenciales o negocios por hacer.

Una forma fácil de obtener clientes potenciales adicionales de los clientes existentes es supervisando de cerca a quiénes se les envía copia en los correos electrónicos que recibes de la empresa. Cada nombre en la lista de "cc" es digno de contacto. Incluso si lo haces por ninguna otra razón que para entender mejor el negocio, de todas formas, es una buena idea. Sería una ganancia adicional si descubrieras nuevas oportunidades de negocio. Lo mismo ocurre cuando le envías un correo electrónico a alguien y recibes una respuesta automática que indica que tu contacto está fuera de la oficina o que no está disponible. A menudo, estos correos electrónicos de respuesta incluyen el nombre y el número de teléfono de la persona que habría que contactar si fuera necesario. ¿Adivina qué? ¡Es necesario! ¡Contáctala!

Las "sociedades secretas" no tienen que ser secretas

La cantidad de negocios que tienes oportunidad de hacer al aprovechar las asociaciones comerciales de la industria es increíble. Trabajé con una vendedora que, cuando comenzó, se enfocó de lleno en generar contactos —y, en última instancia, clientes— de asociaciones comerciales de la industria. En poco tiempo, ella tenía una fuente de referencias bastante frondosa y estaba cumpliendo sus metas de ventas.

Tu primer paso al explorar asociaciones o industrias comerciales es visitar sus sitios web y ver si tienen sus listas de miembros en línea. A lo mejor te sorprendas, pero varias empresas hacen que sus listas de miembros estén disponibles al público. Si ese es el caso, consíguelas. Aún más poderosa que la lista de miembros es la lista de miembros que están en la junta directiva o que forman parte de un comité especial.

Ellos están comprometidos y sienten pasión por su industria; de lo contrario, no estarían dispuestos a servir a sus pares al ser activos en su asociación comercial. Esto hace que sean contactos valiosos no solo como clientes potenciales, sino también como fuentes de gran conocimiento. Además, ellos son a quienes otras personas de la asociación acuden para pedirles consejo. ¡Qué mejor manera de desarrollar aún más contactos que sirviéndole bien a un miembro de una junta y pidiéndole que te remita a otros!

Si te estás preguntando cómo llegar a estos contactos tan interesantes, la respuesta es simple. El primer acercamiento es a través de una llamada telefónica. Simplemente, les dices que encontraste sus nombres en el sitio web de la asociación y que tiene algunas preguntas sobre la industria que te gustaría hacerles. ¡La clave es ser legítimo! Procura no equivocarte. Recuerda, estás buscando información que te ayude a comprender mejor su industria para, finalmente, estar en capacidad de atenderlos mejor.

Si no logras conectarte por teléfono, usa el correo electrónico y coloca el nombre de la asociación en la línea de asunto. De esa manera, al ver el nombre de la asociación es más probable que se tomen el tiempo para leerlo. Tu correo electrónico debe contener las mismas preguntas que habrías hecho si estuvieras hablado con ellos por teléfono.

Otro enfoque con las asociaciones es tratar de hacer conexiones con su personal. Muchas veces, las más grandes tendrán varias personas que trabajan en la asociación. Lo ideal es contactar a alguna que esté a cargo de la membresía. Estas personas son oro —hablan con los miembros todo el tiempo y, como resultado, saben mejor que nadie lo que está sucediendo al interior de la asociación. ¡Es como recibir información de la industria de forma gratuita!

No olvides tus "ex"

Si me hubieran dado un dólar por cada mirada en blanco que he recibido por parte de los vendedores cuando les he compartido la idea de contactar a sus antiguos clientes, tendría suficiente dinero para retirarme. La respuesta que recibo después de compartir esta idea es casi siempre algo como: "¡No voy a hacer eso! Hicimos algunas cosas estúpidas con ellos y sé que no nos quieren ni ver". ¿Cómo sabes cómo se sienten esos clientes? ¿Cómo sabes lo que dirán? No lo sabrás a ciencia cierta hasta que los llames. La mayoría de las veces, el cliente olvidó desde hace mucho tiempo aquel error que, en su momento, pensó que era fatal. Si no te tomas el tiempo para comunicarte con todos esos antiguos clientes que ya no te están comprando, estás subestimando las enormes oportunidades que hay allí para desarrollar tu negocio a mayor velocidad. Y si el cliente recuerda el mal trabajo que hizo tu empresa, ¿no quieres una oportunidad para corregirlo? ¡Claro que sí! Si no corriges el error, estarás corriendo el riesgo de que ese cliente les informe a otros sobre el problema que se presentó, lo cual dificultará aún más tu trabajo.

Ponerme en contacto con clientes antiguos es algo en lo que les hago hincapié a los vendedores recién contratados, pues creo que deben hacerlo de inmediato, ya que pueden hacer las llamadas sin tener que afrontar ninguna implicación por haber sido "parte del problema" en caso de que un cliente mencione el asunto. Como nuevo trabajador en la empresa, te estás acercando porque estás ansioso por ayudarles y mostrarles a esos antiguos clientes el trabajo de calidad que tu empresa puede hacer.

Otro gran beneficio de ser un nuevo empleado que llama a todos los antiguos clientes es que esa es una excelente manera de que ellos se actualicen con respecto a la empresa y a la industria. Yo doy fe de que he visto que en el curso de estas llamadas a antiguos clientes muchos comparten sus ideas con estas nuevas personas. ¡Qué gran manera de educar a un nuevo vendedor haciendo prospecciones vía telefónica!

Hace años, una compañía me contactó requiriendo mis servicios para evaluar a sus vendedores. El objetivo era descubrir qué cualidades hacían a sus mejores vendedores los de mejor desempeño y luego ver si la compañía podría replicar esas cualidades en los demás vendedores. Lo primero que hice fue revisar las cifras que cada vendedor estaba entregando en sus ventas para luego compararlas con el tiempo que llevaban todos y cada uno de ellos en su posición y en el mercado actual.

Las cifras de cierta persona saltaron a mi vista de inmediato. Se trataba de una empleada reciente que acababa de salir de la universidad y no tenía experiencia en la industria. En menos de seis meses, logró pasar del final de la lista al centro de la lista y cada vez tendía a ir aún más arriba.

Al ver esto, me puse en contacto con ella para averiguar qué había hecho. Después de haber superado la sorpresa de mi llamada (y pensando que había hecho algo malo), ella me explicó que acababa de hacer lo que su jefe le había dicho que hiciera —contactar a una enorme lista de antiguos clientes de los que los vendedores pasados se habían alejado o que la compañía había dejado escapar—. Todo lo que ella hizo fue llamar a cada uno y desde allí, ¡puf! ¡El negocio comenzó a fluir!

Los "no" nunca son permanentes

El hecho de que tus prospectos hayan decidido no comprarte una vez no significa que no te compren ahora. Un "no" de un prospecto nunca es permanente; es tan solo una etapa que hay que quemar. Vuelve a ponerte en contacto con ellos una vez más. No dejes que lo que escuchaste hace un año, un mes o incluso hace una semana te detenga. Lo que sucedió ayer no es un indicador de lo que podría suceder hoy. Es asombrosa la cantidad de compradores profesionales y agentes de compras que me dicen que demasiados vendedores se quedan callados ante el hecho de haber perdido un pedido porque su cliente decidió adquirirlo de un competidor o debido a su decisión de no comprar. Para mí, esta actitud deja en entredicho a la comunidad de las ventas. Parecería como que todo lo que hacemos es una venta rápida y que, si no nos salimos con la nuestra, corremos a casa con mamá haciendo pucheros. Sí, es posible que no hayas recibido el pedido ayer, pero esa no es razón para dejar de intentarlo. Sé profesional y confía en que tienes algo de valor que ofrecerles a tus clientes que los beneficiará. La única forma en que ellos verán qué tanto estás dispuesto a ayudarles es si los convences para que te compren.

Encuentra nuevos compañeros de baile

No me estoy refiriendo a bailar con tus competidores inmediatos, pero sin duda, hay vendedores en tu industria que venden cosas que tú no vendes. Entonces, tiene mucho sentido ayudarse mutuamente. Entabla relaciones con ellos, porque estás buscando clientes potenciales y ellos también los son. Compartan sus nombres y puntos de vista para que tanto tú como ellos tengan éxito.

Un truco que me gusta compartir con los vendedores es un método que pueden usar si de forma sistemática no logran pasar de la recepción. Si enfrentas una situación como esta, escucha las indicaciones y luego marca el número apropiado para conectarte con el departamento de ventas del prospecto que tienes en mente convertir en cliente. Me encanta este enfoque, porque quien responde en esos casos suele ser un vendedor subalterno, alguien que es nuevo en la empresa y es muy probable que él también esté intentando aumentar sus ventas. Preséntate como un compañero de ventas y dile con quién estás tratando de comunicarte. Te sorprenderá la rapidez con la que la mayoría de los vendedores te ayudará solo por el hecho de que seas otro vendedor. Así que ve un paso más allá y pídele que si te puede conectar con tu prospecto haciendo una introducción personal.

A lo largo de los años, he compartido este enfoque con miles de vendedores y cada vez me sorprende más lo simple que es. En alguna ocasión, recibí una llamada una semana después de un evento que realicé y se trataba de un vendedor que quería contarme cómo él usó esta estrategia y le funcionó a la perfección. Recuerda, así como has estado buscando ayuda para conectarte con un cliente potencial, el vendedor que te ayuda también está buscando clientes potenciales. No termines la conversación sin intentar ayudarlo en su trabajo.

Conoce tu departamento de compras

Ponte en contacto con tu departamento de compras y solicita una lista de proveedores y contactos. Te sorprenderá la respuesta que obtienes. Algunos te rechazarán, pero la mayoría será cordial y te proporcionará nombres y otra información que requieras. De todas las formas de desarrollar clientes potenciales, este enfoque es uno de los que es menos probable que los vendedores utilicen, y, sin embargo, suele generar enormes oportunidades porque ¡son muy pocos los vendedores que lo utilizan! La cadena de suministro está mucho más interrelacionada de lo que la mayoría de los vendedores se da cuenta.

¿Quiénes son los clientes de tus clientes?

Demasiados vendedores fallan al no indagar para saber a quiénes les están vendiendo sus clientes. Es sorprendente lo que encontrarás cuando te propongas hacer una búsqueda con el fin de obtener nueva información. No solo descubrirás cómo servirles mejor a tus clientes existentes, sino que también escucharás ideas sobre otras personas o compañías con las que podrías comunicarte.

Una vendedora con quien compartí esta idea me dijo que ella lo había intentado y que cuando su cliente lo supo, el departamento de mercadeo de su empresa la contactó porque estaba ansioso por saber qué había averiguado al contactar a sus clientes. El resultado del esfuerzo fue que ella adquirió nuevos clientes potenciales y prospectos que se convirtieron en sus clientes, además de que, para su cliente original, también se convirtió en una heroína y casi en una imagen a la cual rendirle culto. A partir de ese momento, ella, virtualmente, era la dueña del cliente, porque este la consideraba muy valiosa.

Haz tu búsqueda

Tu nivel de investigación debe ser suficiente como para saber lo que necesitas para hacer el primer contacto. No hay ninguna razón para preceder cada llamada con ese tipo de investigación exhaustiva que seguro necesitaste para realizar alguno de tus tantos trabajos universitarios. Aprovechar los motores de búsqueda como Google te proporciona información increíble, pero lo importante es que recuerdes que no tienes necesidad de exagerar en ese aspecto. He conocido demasiados vendedores que dudan en hacer una llamada de prospección porque todavía quieren hacer más investigación en línea sobre la persona que piensan contactar. Yo utilizo internet para buscar tres datos que se necesitan con respecto a prospectar:

- Posibles empresas y personas a prospectar
- Información de contacto específica
- Un motivo para hacer la llamada inicial

No dejaré de insistir en la importancia de que no te pierdas entre tantos detalles. Todo lo que necesitas es cierta información, ¡eso es todo! La única excepción a esto sería si estuvieras llamando directamente al CEO de una compañía de *Fortune 500* o si estás vendiendo algo tan masivo (como un avión a reacción o todo un conjunto de oficinas) que necesitas hacer una investigación significativa. Discúlpeme por suponer todo esto, ¡pero es probable que ese no seas tú! Simplemente, haz una búsqueda rápida, llama y sigue adelante.

Llamar a tus amigos *no* es prospectar

No estoy diciendo que no puedas hablar con amigos o socios. Lo que te estoy sugiriendo es que hables con ellos después de haber prospectado. Esta es una regla simple que debes tener en cuenta: a menos que te hayan dado un referido sólido en los últimos 12 o 18 meses, no pienses que de repente lo van a hacer si pasas más tiempo con ellos.

Prospectar consiste en llegar a personas que tienen el potencial de hacer negocios contigo o que te contactarán con quienes pueden hacerlo. Todo lo demás no es prospectar. Échale un vistazo a tu calendario. Haz la lista de las llamadas telefónicas que realizas. ¿Cuánto tiempo pasas cada semana hablando con gente que no te está ayudando a lograr tus objetivos de prospección de ventas? Cuando les hago esta pregunta a los vendedores, siempre recibo una respuesta que implica que esto ciertamente no es un problema para ellos. Lo que es interesante es que, cuando empiezo a probarlos y a desafiarlos con el uso de su tiempo, es sorprendente cómo ellos comienzan a *darse cuenta* de que pasan una enorme cantidad de horas hablando con personas que no son clientes potenciales. Haz tú mismo la prueba de mantener un registro de todo el tiempo que pasas entre reuniones personales, llamadas telefónicas e intercambiando correos electrónicos con quienes no son clientes potenciales. Te sorprenderá lo que encuentras después de una semana. Tu objetivo debería ser reducir ese tiempo en un 50% —después de todo, es imposible eliminar todas las conversaciones de este tipo.

Luego, usa el tiempo que ahorras convirtiéndolo en tiempo adicional de prospección de ventas. Si tuvieras que agregarle una hora a la semana a la cantidad de tiempo que podrías estar prospectando, equivaldría a una semana adicional en un año. No hay ninguna razón para que un vendedor —sea lo que sea que venda, cómo lo venda o dónde lo venda— no pueda desarrollar una lista de clientes potenciales que lo mantengan ocupado. Si no encuentras suficientes clientes potenciales, lo primero que debes hacer es verificar tu actitud. Lo más probable es que estés dejando pasar grandes oportunidades.

CAPÍTULO 8

¿Son prospectos o solamente sospechosos de serlo?

No todos los que piensas que son prospectos son prospectos. De hecho, te aseguro que tú y todos los demás que están vinculados a las ventas tienen un porcentaje de prospectos o clientes potenciales con los cuales no van a llegar a ninguna parte y, por una razón u otra, todavía no has tenido que enfrentarte a esta realidad.

¿Estás tratando de ganarle al sistema?

Pensar que lograrás ingeniártelas para engañar al sistema con el fin de tener éxito será un intento fallido que, en el momento que menos esperes, te perjudicará. Déjame contarte acerca de Wylie y de su enfoque —se trata de un gerente de cuentas con quien solía trabajar.

Bob, nuestro gerente de ventas, nos exigía que nos reuniéramos con él una vez por semana para revisar el negocio y, en particular, para analizar cómo nos estaba yendo contra nuestro objetivo trimestral. En algunos trimestres, las reuniones salían bien, porque todos estábamos teniendo un buen trimestre. Otras veces, eran feas y, durante esos malos tiempos, nos sentíamos horrorizados mientras esperábamos allí, sentados en la sala de conferencias, listos para entrar a la oficina de Bob a escuchar sus reproches teniendo que soportar su letanía de frases que, según él, describían nuestra incompetencia.

En particular, un trimestre fue mucho más doloroso que cualquier otro. Los negocios se habían estancado y, con cada semana que pasaba, los latigazos que Bob nos lanzaba a punta de insultos se hacían cada vez más fuertes e intensos. Bueno, ese era el caso para todos nosotros, menos para Wylie, quien salía de la reunión y regresaba a la sala de conferencias con una gran sonrisa. De hecho, regresaba como si le hubiera ido muy bien y acto seguido se limitaba a informarnos quién de nosotros era el siguiente en pasar al paredón. Por un par de semanas, vivíamos preguntándonos a qué se debería que Wylie regresara de su reunión sin reflejar en su semblante ninguna clase de disgusto, ni incomodidad. Una mañana, decidimos salir de dudas y preguntarle cómo se las ingeniaba para que le fuera tan bien en su reunión. Wylie dudó en respondernos, pero luego confesó que no le estaba dando a Bob sus verdaderas cifras de venta y que llenaba su reporte con una gran cantidad de negocios que, simplemente, no iban a suceder, pero que él no eliminaba de su lista.

Uno de los otros vendedores lo desafió echando mano de la lógica y su respuesta fue asombrosa. Dijo que él sabía que esas ventas no iban a ocurrir, pero que si las sacaba de su reporte, Bob lo despedazaría semana tras semana. Su plan era esperar hasta la semana #12 del trimestre para sacarlas; de esa manera, recibiría tan solo un regaño. Desde su perspectiva, la manera de evitar que Bob lo hostigara cada semana era manteniendo sus reportes semanales llenos de cifras falsas.

Espero que no seas como Wylie, aunque admito que el tipo era inteligente. Ni te imaginas la cantidad de vendedores con los que he compartido esa historia y han reconocido que también han hecho algo parecido para engañar al sistema con el único fin de evitar dolores de unos y otros.

¿Qué hay en tu reporte de ventas? ¿Lo estás llenando con clientes potenciales o prospectos que tienen pocas posibilidades de convertirse en clientes? ¿Te aferras a ellos como una forma de evitar desanimarte? ¿Los mantienes para lucir mejor que tus compañeros? Es hora de que seas realista y trates tu reporte como algo sagrado. No tienes tiempo para jugar con él, ni para usarlo como un generador de ego. Tu reporte es tu llave hacia el éxito, tu clave para cumplir tu meta de ventas, ¡así que trátalo con la seriedad que merece!

Sé que estoy siendo directo, pero estoy cansado de que los vendedores se quejen de que no pueden prospectar. Compartiré una situación más que, por desdicha, estremecerá a unos cuantos lectores —sobre todo, a aquellos que están en el negocio B2C—. Hace poco, me reuní con un equipo de vendedores para hablar sobre prospectar y surgió el tema de los "prospectos de mala calidad". Todos los vendedores presentes en la reunión aceptaron ser responsables de tener prospectos que tenían muy pocas posibilidades de convertirse en sus clientes.

Les pregunté: "Si tienen pocas posibilidades de convertirse en sus clientes, ¿por qué pensar en ellos como prospectos?". Me encanta hacer esta pregunta. Las respuestas del grupo variaron, pero en general, la razón por la que los mantenían como tales se debía a que les resultaba fácil hablar con ellos y porque no tenían verdaderos prospectos con los cuales trabajar. Piensa en eso por un momento y en el impacto de lo que significa. Para mí, esto demuestra que los vendedores están felices frente al hecho de pasar el tiempo con supuestos prospectos y sin esperar resultados que se traduzcan en ventas, todo porque son demasiado perezosos o están muy mal equipados para tener verdaderos prospectos. ¡No debería extrañarnos que tantos no cumplan sus metas! Si no tienes *prospectos de calidad*, ¿cómo esperas tener clientes? Y si no tienes *clientes*, ¿cómo espera cumplir tu cuota? ¡Así, nunca la cumplirás!

La respuesta a esta pregunta es: enfocando tu mente y tu tiempo de tal manera que puedas avanzar más rápido en el proceso con tus prospectos para así determinar si en realidad sí son prospectos o son solo sospechosos de serlo. Al final, tu objetivo debe ser pasar más tiempo con menos prospectos, particularmente, con aquellos que tienen mayor probabilidad de convertirse en clientes. Échale un vistazo a tu software de gestión de relaciones con el cliente (CRM, por su sigla en inglés). ¿Cuántos "prospectos" tienes en tu sistema que no sean legítimos? ¡Bueno, pues ten presente que el hecho de mantener esos nombres allí para darle a tu jefe la impresión de que estás haciendo tu trabajo no va a poner comida en tu mesa!

No sé por qué tengo la sensación de que, en este momento, hay quienes están leyendo este libro y, de repente, quieren dejar de leerlo y empezar a revisar su lista de contactos y prospectos y determinar qué nombres necesitan borrar de allí. Si ese eres tú, ve y hazlo ahora mismo. Esperaré. Cuando ya hayas determinado a quiénes necesitas borrar de tu lista de contactos, recordar esto es clave: no estás eliminando esos nombres de tu sistema de CRM, ni de ninguna de las herramientas que tanto tú como tu empresa utilizan. Lo que estás haciendo es sacarlos de tu lista activa. Esos nombres y la información correspondiente a ellos siguen siendo valiosos, pero no en este momento.

Es posible que tengas una lista de mercadeo, una lista de correo electrónico o lo que sea. Es ahí donde debe ir esa información. Los contactos que vas a borrar hoy bien podrían terminar siendo la nueva megacuenta del próximo año. Después de todo, es importante que comprendas que el éxito como vendedor es mucho más probable cuando utilizas tu tiempo de manera efectiva y con las personas que tengan más probabilidades de compra *ahora*. Preferiría pasar el día con tres prospectos de calidad que con 30 con los que veo que no voy a llegar a ninguna parte.

Tienes sospechosos, no prospectos

Demasiados prospectos no son más que sospechosos pretendiendo ser prospectos. Es apenas obvio que este te tipo de prospectos no anda por ahí con un gran letrero colgado en su cuello que diga: "No me hables. ¡Solo soy un sospechoso!". Por el contrario, ellos ocultan quiénes y qué son por infinidad de razones. Muchas veces, un sospechoso se involucra contigo repetidamente con el único motivo de obtener información que él pueda usar en cualquier otro lugar. Otros lo hacen porque sus jefes les dijeron que lo hicieran. Y hay otros que te contactan solo porque no tienen el valor de decirte "no" cuando les solicitas una reunión. Pero el peor sospechoso es aquel que se relaciona contigo el tiempo suficiente como para garantizarse un par de comidas gratuitas o tiquetes de primera clase para asistir a un juego o a cualquier otra forma de entretenimiento que estés dispuesto a brindarle.

¿Cuántas veces has pasado demasiado tiempo con alguien de quien pensaste que era un gran prospecto solo para tener que concluir que se trataba de un sospechoso? Si no sabes notar la diferencia, no lograrás tener éxito en las ventas. Cuanto antes logres validar las intenciones del contacto con la que estás hablando, más rápido sabrás cómo utilizar tu tiempo de manera eficiente. Nunca olvides que el activo más valioso que tienes es tu tiempo y que cuanto más tiempo les dediques a los sospechosos, menos tiempo disponible tendrás para dedicarles a los verdaderos prospectos.

Las 6 maneras de separar a los prospectos de los sospechosos

Los siguientes son algunos consejos rápidos para determinar quiénes son prospectos y quiénes no.

1. ¿Te han dicho cuándo van a tomar una decisión de compra?

No hay un desperdicio más grande que pasar tu valioso tiempo con gente que termina diciéndote que no tomará una decisión de compra sino hasta dentro de algunos meses o incluso años. Sin embargo, esto no significa que por el hecho de que estos contactos no van a tomar una decisión sino hasta dentro de un buen tiempo, decidas abandonarlos. Por el contrario, seguirán siendo buenos contactos, pero debido a que están a un año de decidir, no es con ellos con quienes debas pasar tiempo en este preciso momento.

2. ¿Te han compartido alguna información restringida?

La información restringida es ese tipo de información que no encontrarías de otra forma, a menos que tus contactos te la compartan. Esta puede ser personal o estar relacionada con el negocio. Suelo tomar este punto como una pista por una razón: nadie compartirá información confidencial con uno a no ser que nos tenga confianza y sienta que hay una razón para hacerlo. Para decirlo de otra manera, lo más probable es que una persona que no tiene ninguna intención de hacer negocios con uno, no comparte nada de naturaleza restringida.

3. ¿Tienen alguna necesidad en la cual puedas ayudarles?

Si tus contactos no están dispuestos a compartirte una necesidad en la cual puedas ayudarles, entonces deja de perder tu tiempo. Debes tener contactos mucho más valiosos a los cuales dedicarles tu tiempo y esfuerzo. No exageres poniéndoles palabras en la boca sobre cómo podrías ayudarles. Una prueba que uso en estos casos es: a menos que un contacto lo diga con su propia boca, entonces no lo creo. Piénsalo por un momento: ¿hablaría alguien de una necesidad si esta no fuera real? No. Por lo tanto, deja que te la cuenten. No pongas palabras en la boca de tu interlocutor.

4. ¿Estás seguro de que son los que toman las decisiones?

Tu capacidad para cerrar una venta disminuirá drásticamente si estás tratando con alguien que solo está transmitiéndole información a quien de verdad toma las decisiones. Una pregunta que me gusta hacer es: "¿Cómo has tomado decisiones como esta en el pasado?". Una pregunta como esa no es amenazadora y permitirá que tu contacto comparta contigo un poco más de información. Por supuesto, lo que tú estás escuchando es una pista sobre si será él quien tomará o no la decisión final. Tampoco dudo en preguntar: "¿Hay alguien más que participará en la toma de la decisión?". Una vez más, esta es otra pregunta sencilla y está diseñada para que te asegures de estar utilizando tu tiempo de manera efectiva.

5. ¿Tienen la capacidad financiera para comprar?

En un momento u otro, todos hemos malgastado el tiempo de un vendedor hablando de algo que *queríamos* comprar, pero en realidad, no contábamos con la capacidad suficiente para comprarlo.

Lo que hace que esto sea tan desagradable es que muchas veces, las personas sí quieren comprar, pero les falta capacidad adquisitiva y, por lo tanto, todo el tiempo se muestran sinceras en su intención de comprar. Una pregunta crucial para obtener información al respecto es: "Cuando tomas decisiones importantes como esta, ¿qué criterios tienes en cuenta?".

Esto es extremadamente difícil para el vendedor, porque muchas veces, el cliente potencial permanece diciendo que, para él, obtener un precio bajo es determinante. A este punto, no me preocupa si él hace esto, porque sé que las cosas saldrán bien si hago bien mi trabajo y demuestro valor y costo total de propiedad. Las que *sí* me preocupan son las señales de que, en definitiva, desde un punto de vista financiero, el cliente potencial en realidad no tenga ni el flujo de efectivo, ni el crédito necesario para realizar la compra.

6. ¿Es evidente que alguno de tus competidores ya generó expectativas en el posible cliente?

Podría tratarse de una solicitud de propuesta (RFP, por su sigla en inglés) o de una oferta a la que le hayas pedido a tu cliente que responda. La regla es muy simple: si no ayudaste a escribir la RFP/oferta, ¿qué te hace pensar que tendrás la oportunidad de ganarla? Si no ayudaste a escribirla, lo más probable es que lo haya hecho tu competencia. Si estás siendo invitado a la fiesta en esta etapa avanzada de la compra, lo único que estás haciendo es proporcionarle al cliente la información que él podrá usar para obtener mejores términos del vendedor que redactó la solicitud de propuesta. Lo siento, pero ser invitado tarde a la fiesta es un beso de despedida. Lo único que harás es generar muchas respuestas, pero al final, no tendrás ningún resultado que mostrar.

Tengo un elemento final que no incluyo como esencial, pero que, no obstante, contribuye a validar si la persona con la que estás tratando es seria o no respecto al trato que le estás proponiendo. Pregúntale si haría algo por ti después de finalizar la conversación. Por ejemplo, pregúntale si revisará y comentará a la mayor brevedad posible la información que vas a enviarle. La razón por la que este es un buen indicador es porque alguien que no está interesado en ti, definitivamente, *no* se tomará el tiempo para hacer nada "extra" que le pidas. Esta pregunta no solo te permite medir su interés, sino que además te ayuda a permanecer en su mente después de la llamada.

La razón por la que es tan importante validar a tus posibles clientes es porque deseas evitar perder el activo más valioso que tienes: tu tiempo. Confía en mí, no pierdas tiempo con personas que no tienen intención de comprar. Claro, hay ocasiones en las que no obtendrás respuestas a las preguntas anteriores y aun así tu contacto terminará siendo un prospecto increíble e incluso hasta un gran cliente. Y sí, hay ocasiones en las que obtienes respuestas a las preguntas anteriores y el contacto parece sólido, pero la compra termina no materializándose en absoluto. Sin embargo, me he dado cuenta de que, cuando obtienes respuestas y estas se alinean con tus expectativas, el 90% del tiempo estarás bien encaminado y tendrás un "cliente en desarrollo". Las preguntas funcionan más a menudo que no en cuanto a ayudarte a eliminar a los sospechosos ¡para que puedas concentrarte en los prospectos!

El precio no hace parte de la prospección

Este es un tema delicado para mí y, aunque lo he escrito en otros capítulos, creo que es tan importante, que vale la pena escribirlo también en este. Todos los vendedores quieren creer que están trabajando solo con prospectos de alto valor. Sin embargo, con demasiada frecuencia, la estrategia que están utilizando está atrayendo prospectos de bajo valor. Si alguna parte de tu estrategia de prospección está orientada al precio, ¿adivina qué? Pues que lo más natural será que atraigas prospectos de bajo valor.

Quizá, pienses que, si el negocio está tan lento, tener prospectos de bajo valor es mejor que no tener ninguno. Sin embargo, debes saber que lo más lógico es que terminemos atrayendo lo que nos propongamos atraer. Si hablas de precio, obtendrás precio; si hablas de beneficios, obtendrás beneficios. La clave es enfocar todo lo que hagas en función de ayudar a tus prospectos con sus necesidades y lograr que confíen en ti y en lo que tengas para ofrecerles. Seré aún más contundente en lo que te quiero decir: el precio bajo no es una herramienta de prospección. Si te ves obligado a usar el precio para atraer prospectos, entonces todavía no has descubierto cómo distinguirte de la competencia. Diferenciarte a través de los beneficios de tus productos y servicios te conducirá a prospectos de alto valor.

Una razón clave por la que estoy en contra del uso del precio como herramienta de prospección es porque, una vez que comiences a usarlo, tanto tú como tus clientes se volverán adictos a él. El nivel de ganancia que pierdas será enorme, bien sea a corto o a largo plazo. Lamentablemente, te irás volviendo ciego poco a poco, pues enfocarte en el precio bajo terminará por convertirse en tu *modus operandi*.

Para que mantengas tu enfoque en las necesidades de tus prospectos, asegúrate de hacerles preguntas que les ayuden a ampliar y explicar mejor su problema. Recuerda que tu objetivo es ayudarles a superarlo del todo o, por lo menos, a mejorarlo. Esa es tu función, así que no hace falta exagerar las cosas. Permanece concentrado en sus deseos y necesidades y evitarás tener que descender por el camino de la trampa de los precios.

Cuando enfoques tu prospección de esta manera, te encontrarás construyendo una biblioteca de preguntas geniales y te sentirás muy cómodo y seguro al hacerlas. ¿El resultado final? Estarás tratando con clientes de mayor valor que antes y te alejarás del precio como una herramienta de prospección.

CAPÍTULO 9

Cómo hacer
el contacto inicial

B ien sea que se trate de un nombre que te dio tu departamento de mercadeo o de uno que identificaste por tu cuenta como posible cliente potencial, llega el momento de hacer el contacto inicial. La vieja y conocida expresión es cierta: la impresión inicial causa una impresión duradera. No digo esto con el fin de asustar a alguien para que no haga una llamada, ni envíe un correo electrónico —en ventas, hasta que no hagas contacto con alguien, nada pasa—. Lo que te estoy diciendo es que debes asegurarte de que tu acercamiento inicial contenga algo que beneficie a quien piensas contactar.

Tus prospectos no están interesados en ti

Demasiados vendedores cometen el error de pensar que la llamada inicial es acerca de sí mismos o de su empresa. A menos que seas alguien famoso o tengas un producto que todos deben tener, odio darte esta noticia, pero a tu prospecto no le importa quién seas tú, ni qué tengas para ofrecerle. ¿Qué significa esto para ti? Significa que debes dejar de hacer llamadas estúpidas, de enviar correos electrónicos y mensajes de voz errados, cuyo propósito es elogiar quién eres y qué tan importante es tu empresa. ¡Eso a tus prospectos no les importa!

Un ejemplo que me gusta usar es la forma en que las películas muestran los créditos de quienes participan en ellas. Cuando ves una película, no tienes que esperar cinco minutos para que la lista de créditos aparezca desde antes que esta comience. Es hasta el final que la vemos. El director sabe que necesita involucrarte de inmediato en la trama o te perderá. Por lo tanto, guarda toda esa lista de datos ya que, si comienzas con ellos, solo lograrás que tu prospecto pierda su interés en ti.

Tus prospectos no se despertaron esta mañana soñando despiertos con respecto a la posibilidad de que tú pudieras llamarlos hoy. Ellos tienen sus propios problemas. Para ellos, tú no eres diferente, ni tampoco eres mejor que cualquier otro vendedor que piense de la misma manera que tú. El hecho de que te hayas tomado el tiempo de escribir el que crees que es un excelente correo electrónico o de que hayas dejado un correo de voz que tú crees perfecto no significa que, en tan solo un instante, la otra persona verá la información que le ofrezcas como la más avanzada, ni como algo que hubiera estado esperando. Sea lo que sea que vendas, tienes más competidores que nunca y cada uno está listo para saltar y tomar ese mismo negocio que estás tratando de conseguir. Entonces, ¡evita los comentarios personales sobre cuántos años has estado en el negocio y sobre todos los premios que has ganado! Una vez más, eso a tus prospectos no les importa.

Demasiados vendedores comienzan su primer correo electrónico o su primera llamada telefónica perdiendo el tiempo de todos los involucrados presentándose a sí mismos y a su compañía. Por lo tanto, elimina para siempre la "presentación de capacidades" que el departamento de mercadeo creó para ti hace ya cinco años. No estoy diciendo que no te presentes, pero si son más que unas pocas palabras, no te sorprendas si tu contacto te ignora. ¡Mejor, ve al grano y llega al punto de *por qué* los dos necesitan conectarse lo más pronto posible! Guarda toda esa información de "mira lo buen vendedor que soy y lo maravillosa que es mi empresa" para tu reunión de la escuela secundaria.

Tu objetivo es lograr una primera cita

En el nivel más básico, lo que deseas es hacer contacto con un cliente potencial, preferiblemente, con una llamada telefónica y hacer dos cosas:

1. Obtener información sobre la compañía y/o la persona con la que estás hablando.

2. Asegurar el siguiente paso: una reunión en persona u otra llamada telefónica a una hora determinada.

La primera llamada no es para complicar demasiado las cosas. Son muchos los vendedores que cometen el error de volcar cantidad exagerada de información sobre sus contactos durante la primera llamada y es así como terminan no logrando nada. (Si lo que estás ofreciendo es una venta rápida con un ciclo de ventas corto, entonces, ciertamente, debes acelerar el proceso, pero aun así, eso no te da derecho a volcar tantos datos sobre tus contactos). Tu primera llamada debería ser para generar cierto nivel de confianza y ganar apalancamiento para así tener la oportunidad de hacer una segunda llamada.

Ya durante tu segunda llamada, tu objetivo es profundizar y tratar de calificar a tu contacto para asegurarte de que en realidad sea un prospecto y no un sospechoso. Utiliza los criterios descritos en el capítulo anterior. Intentar completar todo eso en la primera llamada rara vez es factible, y muchas veces, si intentas hacerlo todo de una sola vez, el resultado final será nada.

Tres maneras de conseguir la primera cita

Tu objetivo es captar la atención de tu contacto lo más rápido posible y ayudarlo a encontrar la suficiente utilidad en lo que tienes para ofrecerle, a tal punto, que comparta contigo información que puedas usar en la próxima llamada. Estos son los tres enfoques de las prácticas que he visto que ofrecen los mejores resultados para hacer negocios entre B2B y con B2C:

▶ Referencia/Conexión

▶ Aspecto clave/Información

▶ Declaración de valor

A continuación, te presento breves ejemplos de cómo usar cada uno; sin embargo, en capítulos posteriores compartiré con más detalle cómo implementarlos.

Referencia/Conexión

Este es el más fácil de usar. En pocas palabras, estás utilizando el nombre de una persona o de una empresa y tu propósito es que ella vea que tienes algo de valor para ofrecerle.

Ejemplo telefónico

"Hola, Ross. Soy Mark Hunter, de Apex Systems. Pacific Mountain Company logró una gran cantidad de ahorros a través de un programa que yo le presenté. ¿Tendrías tiempo la próxima semana para pasar a mostrarte en qué consiste?

La clave es estar preparado para responder, independientemente de cómo responda la otra persona a tu pregunta. Si te dicen: "No, no tengo tiempo", tu respuesta inmediata debería ser: "¿Cuándo sería un buen momento para reunirnos?" O "¿Cómo te está yendo con la reducción de los costos actualmente?". Tu objetivo con la pregunta de seguimiento es impartir conocimientos que puedas utilizar cuando te conectes con ellos más adelante.

Ejemplo de correo electrónico

Asunto: Pacific Mountain

Audrey:

Pacific Mountain pudo reducir significativamente sus costos utilizando un programa que le ayudamos a instalar. En el primer año, la empresa redujo el gasto en un 15%.

Sabiendo la presión que existe en cuanto a aumentar las ganancias, pensé que estarías interesada en saber más a este respecto. Mi nombre es Mark Hunter y trabajo con Apex Systems. Por favor, no dudes en enviarnos un correo electrónico o llamarnos. Así, podríamos acordar una cita para hablar de este asunto.

Gracias,

Mark Hunter

Apex Systems

555-555-5555

Observa cómo el mensaje es directo y corto. Nadie tiene tiempo para leer mensajes largos. Tu objetivo con el correo electrónico no es proporcionarle a tu contacto tanta información que este pueda tomar una decisión inmediata, sino ayudarlo a darse cuenta de que necesita comunicarse contigo.

Aspecto clave/Información

Este enfoque funciona muy bien en industrias donde el cambio es frecuente, por ejemplo, en lo relacionado con la evolución de la tecnología, con regulaciones gubernamentales o con el ingreso de nuevos competidores al campo. Tu objetivo específico es transmitirles a tus contactos que tienes algunas ideas importantes que a ellos les parecerán interesantes.

Ejemplo de correo de voz

"Hola, Reuben. Te habla Mark Hunter, de Hunter Financial. Tengo las nuevas regulaciones del IRS que acaban de salir en relación con las pensiones e información sobre cómo estas afectan a personas como tú. Por favor, llámame al 555-555-5555 para así establecer una cita y conversar de este asunto. De nuevo, mi nombre es Mark Hunter y mi número de contacto es 555-555-5555".

Declaración de valor

Este proceso tiene como objetivo hacer una declaración de poder sobre algo y luego solicitar el aporte de la persona contactada o una reunión para discutir más al respecto. De estos tres enfoques, este es el que más utilizan los vendedores. Por este motivo, evito que mis clientes lo utilicen para que puedan diferenciarse de todos los demás vendedores.

Ejemplo telefónico

"Sheila, soy Mark Hunter y trabajo con Apex Systems. Actualmente, existe un verdadero impulso por parte de las empresas para aumentar sus ventas al automatizar el back office. ¿Cómo se está acercando tu empresa al back office y qué tanta es su eficacia en este momento?".

Con este enfoque, la clave es involucrar de inmediato a la otra persona en una conversación y luego usar lo que ella te comparta como base para tu próxima pregunta. Tu objetivo con este enfoque es el mismo que con los demás: obtener información clave que puedas utilizar como base para tu próxima conversación.

Estos tres métodos funcionan independientemente de si estás utilizando el teléfono, el correo electrónico, el correo de voz, las redes sociales o incluso el texto. Cuanto más utilices estas técnicas, más cómodo te sentirás con ellas y más comprenderás cuáles (o sus variaciones) te funcionan mejor. A medida que avances en tu lectura, irás descubriendo más formas de utilizar estos tres enfoques.

El arte de la segunda cita

No pienses ni por un momento que estas tres técnicas siempre funcionarán la primera vez que llegues a alguien. Muchas veces, te tomará un segundo, tercero, cuarto y contactos subsiguientes antes de recibir cualquier tipo de información que te sirva para avanzar. Por eso, es importante que tenga múltiples enfoques. Piensa en cómo está recibiendo tu prospecto tus mensajes. Si fueras un cliente potencial y te contactara un vendedor que usara tu mismo mensaje y enfoque vez tras vez, te molestarías. El mejor vendedor en etapa de prospectar es aquel que usa múltiples enfoques y se siente cómodo moviéndose de uno a otro según lo dicten las diversas situaciones. En los capítulos que siguen, desglosaremos paso a paso la mecánica de cada uno para mostrarte con mayor profundidad cómo utilizarlos.

Sin embargo, un aspecto en el cual no dejaré de enfatizar es en la necesidad de mantener un registro de todo lo que estás usando. Esto incluye el mensaje, la hora en que lo enviaste y el método de entrega. Si crees que puedes usar un método para implementar toda tu estrategia de prospección, piénsalo de nuevo. Lo que te gusta a ti quizá no sea lo mismo que le gusta a tu prospecto.

La única actividad que hace que fracasen más programas de prospección de ventas que cualquier otra cosa es la falta de seguimiento y la voluntad de seguir en contacto con la otra persona. He hablado de ello en capítulos anteriores y continuaré diciéndolo: debes estar dispuesto a hacer seguimiento permanente. Cuando utilices las técnicas descritas en este libro y las combines con un seguimiento persistente, tu probabilidad de éxito aumentará en gran manera.

CAPÍTULO 10

¿Todavía funciona el teléfono?

"Mr. Watson, ven aquí. Quiero verte". Estas últimas seis palabras siguen siendo tan relevantes hoy como lo fueron cuando Alex Anderson Graham Bell, el inventor del teléfono, se las dijo por primera vez a Thomas Watson, el 10 de marzo de 1876. Bell no estaba haciendo una llamada de ventas. (¿O tal vez lo fue? Dejaré que seas tú quien responda eso). Esas seis palabras, "Mr. Watson, ven aquí. Quiero verte", son la razón clave por la que creo que el teléfono sigue siendo una excelente herramienta de búsqueda. Lamentablemente, hay muchas personas en el campo de las ventas que no se dan cuenta de que el teléfono es una forma efectiva de prospectar. No importa que digan lo contrario, yo estoy convencido de que el teléfono es una herramienta de prospección increíble cuando se usa de la manera correcta y con las expectativas correctas.

En una ocasión, estaba hablando en una reunión frente a una asociación de la industria y le pregunté a la audiencia —más de 200 vendedores que trabajaban en B2B y B2C— por qué no les gustaba usar el teléfono para prospectar. Sus respuestas se redujeron a tres razones principales:

► Las llamadas en frío no funcionan.

► No logro comunicarme con nadie, ni nadie me responde.

► No me siento cómodo hablando por teléfono.

Lo cierto es que el teléfono te dará resultados cuando lo uses como debe ser. No voy a decirte que dará resultados tan fructíferos como hace 10 años, pero, de nuevo, eso también es cierto en relación con muchas otras cosas. Hoy, para tener éxito prospectando, necesitas usar múltiples herramientas de comunicación. Cuantas más uses bien, mejor te irá no solo en la prospección, sino en todo el proceso de la venta.

Llamadas en frío frente a llamadas informativas

Hoy en día, con toda la información disponible, no hay ninguna razón para que alguien tenga que hacer una llamada en frío. Para la mayoría de las industrias, el retorno de inversión al realizar llamadas en frío ya no existe y la velocidad con la que los gobiernos están implementando leyes que regulen las llamadas en frío solo está contribuyendo a su rápida desaparición. No deseo regresar a los días en que el teléfono de la casa suene sin parar todas las noches solo para escuchar "la voz de un robot" o a alguien leyendo un guion informándome de alguna oferta increíble y a mi disposición, solo si tomo la decisión de comprar ahora mismo. Los sistemas de marcación automatizados, combinados con un software sofisticado, mantienen vivas las llamadas en frío, pero incluso con esos avances, yo diría que su pronóstico de vida es terminal.

La razón más importante por la que creo que las llamadas en frío están muertas es porque toman demasiado tiempo —y este es tu recurso de ventas más valioso—. Las llamadas informativas son un mejor enfoque y son *informativas* porque tienen un motivo. La razón por la que quieres llamar a tus contactos es para obtener información sobre ellos, porque sabes que puedes ayudarles con base en algo que te cuenten sobre ellos. Tu información hacia ellos podría limitarse a que sepan a qué industria perteneces y a que, por alguna razón específica, crees que deberías reunirte con ellos para disponerte a servirles. Cuando haces "llamadas informativas", le estás brindando un servicio a la persona a la que llamas.

Y recuerda, no te permitas creer que con hacer una llamada ya eso es todo. Te daré un ejemplo personal. Hace años, yo no era consumidor de café. Mi esposa siempre intentaba venderme sus beneficios y me explicaba por qué ella creía que me gustaría, pero me resistí a tomarlo durante años aunque, en cientos de ocasiones, me ofreció prepararme un café, como mínimo, semanalmente y, con frecuencia, varias veces el mismo día, hasta que al fin me rendí, lo probé y poco después, comencé a verlo como en uno de los principales ingredientes en mi "grupo de alimentos". ¡Hoy, no podría pensar en no tomar café! Si mi esposa me hubiera preguntado una vez sola y luego nunca más, tal vez, nunca me hubiera convertido en el bebedor de café que soy hoy. Ella sabía que yo lo vería como algo valioso y persistía. Lo mismo se aplica a tu enfoque de prospección. No pienses ni por un momento que una sola llamada es todo lo que necesitas hacer.

No lograrás esconderte —te encontraré

Los vendedores también se apresuran a decir que los números telefónicos son difíciles de obtener. Sí, quizá lo sean, pero eso significa que a tu competencia también le cuesta trabajo conseguirlos. Hay muchas maneras de descubrir los números de teléfono y todo comienza diciendo: "No voy a dejar que un obstáculo se interponga en mi camino".

Las 10 formas más efectivas de conseguir un número telefónico

1. Consulta el sitio web de la empresa.

2. Realiza una búsqueda de perfiles en LinkedIn con el fin de localizar a cualquier persona que trabaje en la compañía a la que quieres contactar o consulta su página de perfil empresarial.

3. Realiza una búsqueda de perfil en LinkedIn para contactar a alguien que solía trabajar en la empresa a la que intentas llegar y pídele el número de teléfono.

4. Llama a la Cámara de Comercio o a otra organización similar en la ciudad donde se encuentren registradas las empresas locales.

5. Ponte en contacto con un proveedor de la empresa a la que estás tratando de contactar.

6. Usa Twitter para encontrar el identificador de la empresa y cualquier información de contacto.

7. Visita Facebook para encontrar la página de negocios de la empresa que buscas.

8. Ponte en contacto con una asociación comercial de la industria a la que pertenece el contacto que quieres hacer.

9. Utiliza www.data.com, una gran herramienta proporcionada por Salesforce que contiene información para millones de personas.

10. Busca en el sistema y los archivos de CRM de tu propia empresa.

Sí, algunas de las 10 formas son muy conocidas, pero es por eso que las enumeré. Cualquiera que diga que no puede encontrar un número de teléfono, simplemente, no está intentando hacerlo. La razón por la que muchos dicen que no logran obtener un número telefónico es porque, para ellos, esa es la excusa más sencilla de por qué no usan el teléfono para prospectar.

Una ventaja adicional que surge de la búsqueda de un número telefónico es que obtienes información valiosa que podrás utilizar en tu primera llamada. Por eso es que digo que no hay ninguna razón para tener que hacer una verdadera llamada en frío. Es una "llamada informativa", ya que tienes una información específica sobre tu contacto y quieres preguntarle algo o tienes otra idea que quieres compartirle.

No están respondiendo, ¿ahora qué?

Sí, sé que la gente no contesta el teléfono. Bueno, yo también soy culpable de no contestarlo. ¿Por qué la gente no contesta el teléfono? ¡Porque nadie quiere quedar atascado con un vendedor! ¡Sí, lo acabo de decir! Sin embargo, muchísimas personas utilizan los mensajes de correo de voz como una herramienta de detección. Deja un buen correo de voz y ganarás puntos; deja un mal mensaje y serás desterrado y rechazado de manera permanente. (He dedicado el Capítulo 14 exclusivamente al arte y la ciencia del correo de voz).

Si crees que llamar a un prospecto es un acto brusco, permíteme hacerte otra pregunta. ¿Crees que les ofreces a tus clientes algo beneficioso? ¡Por supuesto que sí! ¡Por eso haces lo que haces! Entonces, con eso en mente, nunca te permitas creer que cada llamada que hagas llegará siempre a la otra persona en el momento perfecto. Serás rechazado e ignorado, pero es precisamente por eso que te pagan por lo que haces. Si prospectar fuera fácil, tu empresa no te necesitaría y/o no tendría que pagarte todo lo que te paga. El nombre del juego es persistencia. Debes ser persistente porque, al fin de cuentas, la tenacidad vencerá. Es posible que no logres contactar a tu prospecto hoy mismo, ni mañana y ni siquiera la próxima semana. Quizás, hasta te tomará meses o incluso un año hacerlo, pero lo lograrás.

Durante mis años de trabajo con vendedores, he encontrado que la razón clave por la que muchos no se sienten cómodos hablando por teléfono es porque no están dispuestos a ser tan persistentes como deberían. Se sienten abrumados por el rechazo y el silencio de las personas a las que intentan aproximarse. A medida que su mente juega con el rechazo, comienzan a dudar de las técnicas que están usando y, si no controlan esta duda, se les convertirá en un espiral descendente que los conducirá a una falta total de éxito y a una decepción significativa. Los capítulos a seguir explican paso a paso los mecanismos de prospección utilizando diversas herramientas de comunicación. Los métodos funcionan si así lo permites. El objetivo es la prospección exitosa y no hay razón para que dudes de tu capacidad para tener éxito.

CAPÍTULO 11

Tu compromiso con el cliente —lo que debes y no debes hacer

Con frecuencia, muchas personas que trabajan en ventas me preguntan: "¿Cuándo es el momento adecuado para hacer la llamada?". Mi respuesta siempre es: "¡Ahora mismo!". Si no llamas ya, ¿cuándo? ¿La harás alguna vez? Sí hay alguna posibilidad de que no hagas la llamada en otro momento, entonces hazla *ahora*, independientemente de lo que sepas o no sepas. He tenido personas que afirman que lo que voy a decir no está bien, pero creo que tengo razón, por lo menos, 9 de cada 10 veces. Sí, suena extraño y parece opuesto a la sabiduría convencional, pero creo con total convicción que *una mala llamada es mejor que ninguna llamada*. Créeme cuando te digo que he tenido algunas discusiones polémicas con gerentes de ventas y vendedores acerca de esto, pero me aferro a ello. El impulso tiene su propia forma de generar movimiento.

Quizá, la primera llamada de la mañana sea mala y la segunda también puede que lo sea, pero en algún momento, las cosas comenzarán a mejorar y las llamadas comenzarán a funcionar de la manera que quieres.

En páginas anteriores, hablé sobre programar el tiempo para prospectar y una parte clave de eso es el tiempo que apartarás para hablar por teléfono cuando sea más probable contactar a tu prospecto. Para muchas industrias, los lunes por la mañana suelen ser un mal momento para hacer llamadas de prospección, pero no es así en todas las industrias. Si trabajas para una empresa de personal temporal, los lunes por la mañana serían un momento ideal para hacer llamadas de prospección, porque es cuando tus prospectos se están dando cuenta de que tienen poco personal para la semana. Lo mismo ocurre con los viernes para algunas industrias, sobre todo, con los viernes por la tarde. Los vendedores que me dicen que es un mal momento para llamar son los mismos que yo creo que solo están buscando una razón para comenzar su fin de semana desde más temprano. Para quienes le venden a la industria de la construcción, las tardes de los viernes tienden a ser el momento perfecto para llamar a sus prospectos, pues es muy frecuente que los materiales se les hayan ido terminando durante la semana y a esa hora ya están más tranquilos y más dispuestos a hablar. Nunca descartes un día o una hora del día solo porque piensas que no funcionará en tu industria.

Lo más importante es que estés dispuesto a intentarlo. No sabes lo que no sabes y muchas veces, una suposición falsa terminará perjudicando tus esfuerzos de prospección y, en última instancia, tu resultado final, más de lo que crees. También he encontrado que hay grandes variaciones dependiendo de la época del año. El hecho de que no estés progresando mucho llamando los viernes de septiembre no significa que los viernes no sean el día perfecto de la semana para llamar en febrero. A menudo, los nuevos vendedores que intentan llamar en diferentes momentos tienen más éxito con sus prospectos y los veteranos no parecen descifrar el porqué. La razón primordial es que los nuevos vendedores tienen éxito porque están dispuestos a probar lo que otros creen que no funcionará.

Sírvete un café y empieza a llamar

Nunca dejaré de enfatizar sobre la importancia de las llamadas telefónicas a primera hora de la mañana. No hay nada como comenzar temprano tu día, después de un buen descanso, haciendo un par de llamadas clave. Incluso si las llamadas son a clientes amigables y estables, esta es una excelente manera de incrementar tu actitud positiva y ponerte en marcha. Una vez que las hayas hecho, como para encender motores, mantén el impulso haciendo tantas llamadas de prospección como sea posible en el tiempo que hayas asignado para esta actividad. Llegarles a tus contactos temprano en la mañana, antes de que las cosas se pongan en marcha, les transmite que eres alguien energético y con quien es posible contar. Sí, habrá algunos que no responderán con mucho positivismo a tu llamada telefónica antes de las 8:00 a.m., pero serán muy pocos.

Una de las más grandes ventajas de hacer llamadas telefónicas durante las primeras horas de la mañana es que es mucho más probable que las hagas. Decir que las harás más tarde, en el transcurso del día, es ir preparándote para no hacerlas. La razón es simple. A medida que avance el día, otras circunstancias se interpondrán en tu camino y, antes de que te des cuenta, tu jornada laboral se te habrá ido dejando las llamadas telefónicas para prospectar en nada más que una idea. Esta es otra razón por la que es tan importante programar tiempo en tu calendario para prospectar sin permitir que las distracciones se interpongan en tu camino.

Usa el tiempo que tengas antes de las 8:00 a.m. como la ventana perfecta para comunicarte con el contacto con el que no has podido hablar en otros momentos del día. Una estrategia que funciona bien es hacer los dos primeros intentos de contactar a alguien durante la parte movida del día. Luego, haz el tercer intento antes de las 8:00 a.m. Sé que te sorprenderás al comprobar a cuánta gente podrás contactar a esa hora. Lo más probable es antes de las 8:00 a.m. logres hacer la mayor cantidad de llamadas telefónicas que no son atrapadas por el controlador de acceso. El hecho es que, o lograrás comunicarte con la persona que estás buscando o podrás dejarle un correo de voz.

Soy un firme creyente en las llamadas de prospección a primera hora de la mañana, tanto así, que cuando trabajo con un vendedor que está luchando para prospectar, lo primero que le pregunto es cuántas llamadas telefónicas realiza cada día antes de las 8:00 a.m. La respuesta suele ser algo así como: "No hago llamadas telefónicas a primera hora de la mañana porque no hay nadie y en ese momento todavía estoy organizando mi día". Para mí, ese es el código para "soy perezoso". Las llamadas a primera hora de la mañana funcionan porque, incluso si la persona no responde, aun así, tienes una gran oportunidad para dejarle un mensaje de correo de voz.

¿Qué tan temprano es demasiado temprano? La respuesta variará según la industria e incluso de acuerdo a la geografía. Mi regla es que cualquier momento después de las 7:30 a.m. es un espacio perfecto para hacer llamadas, pero para muchas industrias (como los comercios de construcción y los almacenes) es apropiado llamar tan pronto como sean las 6:30 a.m.

"Cinco después de las 5:00 p.m."

Una clienta con sede en Houston, con quien he tenido el privilegio de trabajar durante años, me brindó una excelente manera de acordarme de hacer llamadas al final del día. Kathryn es una líder en ventas tan dinámica como pocos. Cuando compartió conmigo aquello de "cinco después de las 5:00 p.m.", una estrategia que la había ayudado enormemente al comienzo de su carrera en ventas, supe que sería increíble. ¡La idea es simple! ¡Haz otras cinco llamadas de prospección después de las 5:00 p.m.!

A lo largo de los años, he tomado su idea y la he compartido con muchas personas que luego han seguido adelante con la misión de hacer "ocho antes de 8:00 a.m.". ¡Eso es correcto! Ocho llamadas telefónicas antes de las 8 a.m. ¡Me encanta! Esta idea refleja lo que a Jeb Blount, mi buen amigo y líder en ventas le fascina decir: "Una llamada más!". ¡Siempre tienes tiempo para hacer una llamada más!

¿Quién descansa durante los días festivos?

Una y otra vez, he observado que hacer llamadas de prospección durante los días festivos del año funciona muy bien. Siempre me sorprende cómo las personas se comportan de manera diferente al saber que se acerca un feriado; lo mismo ocurre con muchos de los prospectos que estás tratando de alcanzar. Llamar durante un día festivo podría provocar que por fin logres hablar con la persona a la que has estado tratando de contactar, pero que rara vez contesta el teléfono en los momentos en los que sueles prospectar. Es más probable que tu contacto te conteste el teléfono durante un festivo porque su asistente administrativo (o la persona que atiende sus llamadas entrantes) quizás esté tomándose unas vacaciones esa semana.

En la mayoría de las industrias, los vendedores se apresuran a decir que cuando llega diciembre nadie quiere verlos, ni hablar con ellos y que por esa razón no tiene sentido prospectar. Esta actitud, junto con la idea de que el nuevo año llegará pronto, hace que los vendedores piensen que deben esperar hasta enero para comenzar de nuevo. No puedo estar más en *contra* de este pensamiento tan miope. Pensar que no puedes prospectar en diciembre es aceptar el hecho de que un mes de cada 12 (o el 8% de tu año) no es efectivo. ¿Le parecería aceptable a tu jefe si dijeras que te estás tomando el 8% del año libre? No, pero eso es exactamente lo que hacen muchos vendedores.

Nunca te permitas pensar que conseguir nuevos clientes no es una buena idea a partir de mediados de noviembre y hasta fin de año. Las personas y las empresas tienen dinero para gastar en esta época; a menudo, se trata del dinero que presupuestaron gastar *antes* de que finalice el año. ¡Nunca sabrás quién tiene dinero a menos que llames y averigües! Los ciclos de ventas durante diciembre nunca siguen la norma. Para el cliente que busca gastar dinero, el ciclo de compra es corto. Para otros que no pueden darse el gusto de comprar hasta el nuevo año, este ciclo tiende a alargarse. La clave es no permitir que tu pensamiento tradicional de ventas nuble tu disposición para conectarte con un posible cliente.

Cuando dejas de prospectar en diciembre, también te estás diciendo a ti mismo que no esperas hacer muchas ventas en enero. Necesitarás enero para hacer llamadas de prospección solo para configurar citas. La mejor manera de lograr cumplir tu meta del primer trimestre es usar diciembre para prospectar, de modo que tendrás un calendario lleno de citas con clientes en enero.

Una empresa con sede en Dallas con la que estuve trabajando sufrió una caída en enero. Cada año, sus ventas de ese mes siempre eran bajas y el dinero de las ventas no entraba sino hasta fin de mes. Después de hablar con el equipo directivo, quedó claro por qué ocurría. La fuerza de ventas creía que nadie quería hablar con ellos en diciembre y se pasaba el mes entero sin prospectar, así que decidí desafiar esa forma de pensar y, con mucha insistencia, hice que todos comenzaran a hacer llamadas sin descanso durante el mes entero. Cuando digo "el mes entero", me refiero al mes entero, incluida la semana entre Navidad y Año Nuevo, cuando la gente está de vacaciones. Sin embargo, hago la salvedad de que llamar cuando muchas personas están de vacaciones es la única vez en que no soy partidario de dejar un correo de voz. Lo último que desea la mayoría de la gente cuando regresa al trabajo es enfrentarse a una bandeja de entrada de correo de voz llena de mensajes de vendedores.

Claro, la cantidad de contactos y prospectos que el equipo pudo contactar fue menor debido a las vacaciones, pero aquellos con los que hablaron fueron absolutamente increíbles, pues se sentían más tranquilos y dispuestos a hablar. ¡Hasta se sorprendieron de que un vendedor estuviera trabajando! El resultado final fue que los prospectos vieron a los vendedores bajo una luz favorable y resultó mucho más probable que aceptaran una reunión. Al final, el rechazo que recibí por parte del equipo de ventas se convirtió en gratitud, pues comenzó el año con citas de ventas en su calendario. A su vez, estas reuniones dieron como resultado un aumento en los negocios, lo que hizo que ese enero fuera diferente a cualquiera de sus eneros anteriores.

Este ejemplo que te acabo de compartir puede haber estado basado en las últimas dos semanas de diciembre, pero se pueden esperar los mismos resultados durante la semana de Acción de Gracias y en otras semanas de vacaciones. Para mí, usar estas semanas a tu favor es la forma más fácil de adelantártele a tu competidor. Si vendes en una industria donde el pedido continuo por parte de los clientes es la norma, ser dinámico durante estas semanas es la forma más fácil de demostrar que eres diferente a tu competencia. Por eso digo que, si estás en este tipo de negocio, lo ideal es ser proactivo y llamar a todos los clientes de tu competencia. Tú quieres ser el vendedor a quien llama el cliente para hacerle el pedido de último minuto porque su proveedor habitual no pudo cumplirle. ¡Esto es como imprimir dinero! Cuando llego a ayudar a alguien a llenar un pedido urgente, parezco un héroe. La gente no se olvida de un héroe. Los ayudas una vez y luego los ayudas otra vez, y en poco tiempo, serás su proveedor principal, ya que trabajaste mejor y hasta alejaste al cliente de su proveedor inicial. Tu capacidad para demostrar tu buen servicio durante las semanas de vacaciones te servirá para desarrollar tu negocio más que cualquier otra cosa.

CAPÍTULO 12

Herramientas de prospección —el teléfono

Me encanta escuchar a los vendedores hacer llamadas de prospección. Estoy seguro de que la mayoría de los que suelo escuchar diría lo contrario, pero todo es parte de aprender a ser un mejor buscador de prospectos. Junto con un equipo de ventas, entrenaba a una mujer muy talentosa que hacía llamadas B2B y B2C. Tenía gran personalidad y sabía lo que tenía que hacer, pero una cosa se interponía en su camino: no podía superar el obstáculo de que una llamada telefónica tomara un rumbo diferente al que ella había planeado. Esta mujer sabía lo suficiente sobre las posibilidades que existen para hacer que la llamada valga la pena, pero su enfoque primordial estaba en la conversación que ella *planeaba* tener con el encargado de la toma las decisiones. Cada vez que la llamada entraba al correo de voz, se ponía nerviosa. Si alguien distinto al encargado de la toma de decisiones tomaba la llamada, ella se paralizaba y no sabía qué hacer a partir de ese

135

momento. Los resultados de sus ventas fueron mucho menores de lo que deberían haber sido, sobre todo para alguien tan inteligente como ella. Al entrenarla, descubrí que la única forma en que ella tendría éxito sería teniendo un guion para cada escenario en el que se encontrara. Reunir todos los guiones que necesitaba tomó tiempo y, al comienzo, ella dudaba en hacerlo, pero al final, valió la pena. A las pocas semanas de usar los guiones, se sentía tan cómoda como para no necesitarlos más; a los 90 días, obtuvo los resultados que debería haber obtenido todo el tiempo. Comparto esta historia no para decir que siempre soy un defensor de usar un guion. Por lo general, no me gustan, ya que limitan tu verdadera capacidad para escuchar, pero son muy útiles como herramienta de entrenamiento para ayudar a ganar confianza y tiempo.

A medida que avanzas a lo largo de estos capítulos, no minimices el papel que desempeña un guion. Más adelante, te proporcionaré ejemplos de guiones y te animo a que los uses para guiarte e implementes aquellos que te funcionan. Tu objetivo es ser tan competente y seguro como para no utilizar ningún guion; sin embargo, creo que siempre querrás mantener a la mano una lista de puntos de conversación clave en situaciones específicas. Les recomiendo tal lista incluso a los vendedores más veteranos. Tener puntos de conversación escritos evitará que poco a poco te vayas desviando del objetivo central, como he visto a través del tiempo que les ocurre a muchos vendedores. Comienzan enfocados, pero después de unas pocas semanas o meses, tienden a tomar atajos que a lo que los conduce es a disminuir su efectividad. La primera regla para evitar que esto te ocurra es asegurarte de usar cada llamada como una oportunidad para aprender algo que puedas usar en tu próxima llamada. Si llamas a diferentes tipos de prospectos o industrias, te sugiero encarecidamente que agrupes los que sean similares por alguna razón específica. Dedícale una sesión de llamadas a una sola industria o a un mismo tipo de clientes. Si lo haces de esa forma, te será más fácil y provechoso tomar lo que aprendiste en una llamada y aplicarlo a la siguiente. Muchos equipos de ventas con los que trabajo han adoptado este concepto y después me contactan y me cuentan qué tan efectivo les resultó. Así, los vendedores aprenden más y más rápido y se comunican vía telefónica mucho más a tono con la industria de sus prospectos.

La segunda regla es nunca preguntar si ese es un buen momento para hablar. Me fastidia esta pregunta por una sencilla razón: la persona a la que llamas no estaba sentada esperando tu llamada, sin nada más que hacer. Si alguien me pregunta si es un buen momento para hablar, mi respuesta es un "no" inmediato, seguido de un clic en su línea telefónica. Hay vendedores que vuelven a contactarme y me dicen que es de mala educación no preguntar si ese es un buen momento para hablar. Mi argumento para refutar esto es que el prospecto aún no comprende cuánto valor puedo aportarle, entonces ¿por qué sería tan miope como para darle una opción tan fácil para que se deshaga de mi llamada? Recuerda, tu objetivo no es sostener una llamada de 30 minutos. Tu verdadero objetivo es hacer una llamada telefónica de dos o tres minutos o el tiempo suficiente para tener una idea de tu prospecto y organizar una segunda llamada.

La tercera regla es asegurarte de imprimirle energía a tu voz, un tono positivo y que le permita a tu interlocutor escucharte con total claridad. Les recomiendo a los vendedores que hagan de pie sus llamadas de prospección y con unos audífonos de calidad. Estar de pie te da más energía y esta se reflejará en tu voz. Unos buenos audífonos liberan tus manos y es asombroso descubrir cuánta más energía tenemos cuando hablamos con nuestras manos. Puedes ser muy inteligente, tener el mejor producto o servicio y saber con exactitud qué decir, pero ten la seguridad de que nunca impactarás a tus prospectos si tu voz suena tímida, tenue y carente de confianza.

La regla final es nunca permitir que el propósito de tu llamada sea algo como "Solo estoy llamando a saludarte" o "Quería saber cómo te está yendo". Eso sería perfecto si estuvieras hablando con un miembro de tu familia. De lo contrario, no son frases adecuadas para prospectar, sea a quien sea que llames en cualquier situación de negocios B2B y en la mayoría de las situaciones B2C. Tu objetivo con cada llamada es aportar valor. Recuerda, se trata de ellos, no de ti. En B2C, habrá ocasiones en las que podrías liderar con este tipo de apertura, pero solo cuando ya tengas una buena relación con ese contacto. Las consecuencias que he visto suceder con demasiada frecuencia es que el vendedor B2C comienza a usar este enfoque de vez en cuando y, con el tiempo, se relaja demasiado y comienza a usarlo como su método principal para iniciar llamadas.

Las 10 mejores prácticas para prospectar vía telefónica

Sigue estas pautas ya probadas y comprobadas cuando prospectes por teléfono.

1. Haz que la llamada se centre en el prospecto, no en ti

El motivo de la llamada debe ser proporcionarle al prospecto información o perspectivas que él encuentre valiosas. Ten listas tres preguntas que puedas hacerle al respecto y / o tres beneficios que le parezcan valiosos.

2. Habla con energía y cree en ti mismo

Si no crees en ti mismo, ni hablas con confianza y energía, ¿por qué esperas que tu prospecto te preste atención?

3. Si una puerta se te cierra, encuentra otra

No pienses ni por un momento que hay solo un número telefónico al cual llamar.

4. Prepárate, independientemente de cómo te contesten la llamada

Las llamadas suelen ser de una de estas tres formas: tu prospecto mismo responde, uno de sus asistentes responde o la llamada se va al correo de voz. Cada una requiere de un tipo diferente de respuesta de tu parte. Tu deber es estar preparado a hablar sin importar de qué manera o quién te responda.

5. Usa siempre audífonos de calidad para hacer tus llamadas

Somos más efectivos en nuestra comunicación cuando hablamos con nuestras manos, incluso cuando nuestro interlocutor no puede vernos.

6. Aprovecha el día sabiamente y mantén un registro de cuándo llamaste y qué se dijo

A muchos prospectos es mejor contactarlos antes de las 8:00 a.m. o después de las 5:00 p.m. Experimenta en diferentes momentos e identifica qué tipo de prospectos suele responder a determinada hora.

7. Nunca pienses que una llamada es suficiente

Prepárate para llamar al mismo prospecto varias veces hasta lograr tu objetivo de contactarlo. Una estrategia que me funciona es hacer seis contactos en un mes. Si después de un mes no tengo éxito, esperaré entre 60 y 90 días y luego repetiré el proceso.

8. Nunca le dejes el mismo correo de voz dos veces a la misma persona

Dejarle el mismo mensaje una y otra vez al mismo contacto o prospecto es una forma rápida para que este no te respete. Además, recuerda que aumentarás tus probabilidades de comunicarte con él llamándolo diferentes días y en diferentes momentos.

9. Para comunicarte con personas ocupadas, llámalas antes de la hora exacta

La mayoría de las reuniones comienza a una hora exacta, lo que significa que la mejor oportunidad para contactar a alguien es justo antes de que entre a una reunión.

10. Nunca te rindas

Es fácil pensar que el teléfono no es efectivo y que usar el correo electrónico o incluso las redes sociales es la mejor manera de hacer contacto. La única razón por la que la gente piensa de esa manera es porque muchos no están dispuestos a hacer el esfuerzo, ni a sacar el tiempo para prospectar vía telefónica, ni a convertir esta actividad en una parte activa de su plan general de prospección.

CAPÍTULO 13

Comenzando la conversación

E labora un plan que te guie en cualquiera que sea la dirección que tome la llamada y con quien sea que estés tratando de comunicarte. ¡Llegó el momento! ¡Comienza! Las primeras palabras que salgan de tu boca establecerán el tono para que la llamada salga bien o no. La clave es tener una declaración de beneficios o una actualización de noticias que sea pertinente y puedes compartir con el prospecto a quién estás llamando, construyendo en su entorno una de las tres estrategias compartidas en el Capítulo 9 (Referencia/Conexión, Aspecto clave/Información clave, Declaración de valor). Cuando inicias la llamada de esta manera, no estarás haciendo una llamada en frío, sino una llamada informativa.

Yo no esperaba que eso pasara

Cada vez que realices una llamada, está terminará de tres maneras, así que prepárate para que tu llamada siga cualquiera de estas direcciones:

► Llegas a la persona a la que estás tratando de alcanzar.

► Un interceptor te responde y te bloquea para que no sigas avanzando.

► Tu llamada entra a su correo de voz.

El reto es que cada uno de estos posibles escenarios requiere de una respuesta totalmente diferente. Si tú no estás preparado para lo que pueda ocurrir, es más probable que afectes tu capacidad para terminar haciendo tu venta. En un momento u otro, todos le hemos hecho una llamada telefónica a alguien esperando que nos conteste su correo de voz, solo para recibir la sorpresa de que fue nuestro prospecto mismo quien contestó. ¿A quién de nosotros nos ha pasado esto cuando alguien nos llama? Nuestro teléfono suena, respondemos y la persona al otro lado de la línea reacciona sorprendida y confundida con respecto a qué hacer a partir de ese momento. ¿Te identificas? La cantidad de historias que tengo para compartirte de mi propia experiencia quizá no sean muy diferentes a las tuyas. La clave es tener un plan para cada situación que suceda al hacer una llamada. En los capítulos siguientes, desglosaremos cada una de estas posibles situaciones en detalle.

Antes de pasar al tema de cómo manejar las diferentes maneras en que puede salir una llamada, existen algunas reglas universales que hay que aplicar.

¡Nunca comiences una llamada telefónica haciendo una pregunta estúpida sobre el clima! Estoy cansado de escuchar a los vendedores que me llaman y me preguntan cómo está el clima. Usar una pregunta sobre el clima para iniciar una conversación con alguien que no conoces es una tontería. Esto es bastante importante si estás vendiendo en un entorno B2B, pues estarás tratando con gente que valora su tiempo. Es difícil encontrar a una persona de negocios que no tenga más cosas en su agenda de las que tiene tiempo para hacer. Entonces, respeta su tiempo. Cuando llames, dale algo significativo en qué pensar.

Guiones telefónicos que necesitarás

En las siguientes páginas, hay una serie de ejemplos de preguntas/declaraciones de beneficios perfectas para iniciar una conversación. Estas son las mismas declaraciones de apertura y los mismos ejemplos de preguntas que he compartido con miles de vendedores. Los he dividido en cinco tipos para brindarte la mayor asistencia posible. *No* pienses en ninguno de ellos como un guion que debes seguir al pie de la letra. Estos son solo modelos destinados a guiarte en el desarrollo de lo que funcionará mejor para ti y en determinada situación.

Las preguntas que les formulo a los prospectos están diseñadas para descubrir alguna necesidad en la que yo pueda ayudarles y para compartirles la información suficiente como para que ellos vean que estoy en capacidad de colaborarles. No estoy de acuerdo en ir más allá de estos objetivos iniciales, a menos que el prospecto esté participando libremente en la conversación. Si ese es el caso, lánzate haciendo más preguntas y permitiendo que sea él quien lidere la conversación.

Tu objetivo es llegar a desarrollar tres declaraciones de beneficios únicas y/o tres noticias pertinentes únicas que al tipo de persona a la que estés tratando de alcanzar le parecería de interés. Lo que le compartas debe ser beneficioso para ella, no para ti. Y debe ser información que ella pueda entender sin importar si entiende a la perfección lo que tú haces.

Sí, te tomará tiempo tenerlas listas, pero te garantizo que aumentarán tus resultados. No te preocupes por tener declaraciones o datos diferentes para cada persona. Por lo general, lo que funciona para una persona, funciona para otra que pertenezca a la misma industria. Por eso estoy convencido de que hay que tratar de agrupar las llamadas de prospección según la industria a la que nos estemos dirigiendo, como te expliqué en un capítulo anterior.

Guiones telefónicos para iniciar una llamada

Ciclo de ventas cortas entre B2B de bienes o servicios que se compran con regularidad:

Buen día, le habla_____. Trabajo con_____. ¿Es usted el encargado de comprar_____? ¿Cómo le va con_____? ¿Qué tan interesado estaría en _____?

Buenos días, ¿hablo con _____? Le habla_____. Trabajo con_____. Creo que usted conoce a [nombre de la persona]. Él ha estado trabajando con nosotros. ¿Cómo le parecería obtener ese mismo tipo de resultados?

Buenas tardes, le habla_____. Trabajo con_____. Mi producto es_____ y funciona con_____, el que ya usted está utilizando. ¿Quién es su proveedor actual? ¿Cómo lo está atendiendo? ¿Podría contarme más al respecto?

Ciclo de ventas largo de B2B, y, por lo general, hay varios encargados de la toma de decisiones y la compra se considera una inversión importante:

1. Buen día. Gracias por recibir mi llamada. Mi nombre es_____. Trabajo con_____. Recibí nuevos estudios sobre el tema de_____ y parece que generarán resultados_____ en menos tiempo que antes. ¿De qué manera encajaría algo como esto en su plan de negocios?

2. Gracias. Mi nombre es_____. Trabajo con_____. Hemos estado trabajando con_____ y hemos visto resultados importantes en_____, lo que, según me ha dicho, es algo en lo que también usted está trabajando. ¿Cómo le va con el proyecto?

3. Hola. Le habla_____. Trabajo con_____. Me enteré que usted anunció que_____. Acabamos de terminar de ayudar a_____ con eso mismo. ¿Cuáles son los objetivos que usted está buscando lograr con esto?

Nuevo producto o servicio de B2B que el prospecto no está usando actualmente y con el que puede que ni siquiera esté familiarizado:

1. Buenas, ¿hablo con_____? Mi nombre es_____. Trabajo con_____. ¿Qué resultados has podido ver con_____? He escuchado lo mismo de los demás y por eso quisiera_____. ¿Cómo sería su negocio si usted fuera a _____?

2. Buen día, le habla_____. Trabajo con_____. Les ayudamos a otros clientes de su misma industria a lograr_____. ¿Ha podido_____ en el último año? ¿Cómo planea manejar_____ en el futuro?

3. Buen día, le habla_____. Trabajo con_____. Su empresa ha podido lograr un progreso significativo haciendo _____. ¿Cuál cree usted que ha sido la razón de su éxito? Tenemos algunos artículos que le permitirían_____, teniendo como resultado_____. ¿Qué tan importante sería para usted lograr algo así?

Es un contexto de B2C y es muy probable que el prospecto ya esté utilizando el producto o servicio y se lo esté comprando a tu competencia:

1. Buen día, le habla_____. Trabajo con_____. ¿Está usted utilizando un_____ a su servicio? ¿Cuál ha sido su experiencia con esto?

2. Buenas noches, le habla_____. Trabajo con_____. ¿Está usted familiarizado con_____? ¿Es consciente de que_____ podría ayudarle a minimizar_____?

3. Buenas tardes, mi nombre es_____. Trabajo con_____. Creo que usted conoce a_____. Estaba hablando con ellos, ya que han sido nuestros clientes durante mucho tiempo. Me sugirieron que lo contactara. ¿Cuál ha sido su experiencia con_____?

Ciclo de ventas más largo entre B2C, donde la compra se considera una decisión importante

1. Buenos días, mi nombre es_____. Trabajo con_____. Recibí una nueva información con respecto a_____. ¿Ya la conoce? ¿Cree que esto podría impactar su_____ de alguna manera?

2. Buenas tardes, ¿hablo con_____? Mi nombre es_____. Trabajo con_____. Algunos emprendedores pertenecientes a su industria me han estado llamando en busca de ayuda con respecto a_____, así que pensé que sería importante contactarlo y preguntarte qué tanto le preocupa_____.

3. Buenas, ¿estoy conectado con_____? Mi nombre es_____ y trabajo con_____. Hay una nueva tendencia en la que la gente está viendo un beneficio real que le permite_____. ¿Ha escuchado por parte de alguno de sus colegas o amigos sobre esto?

Solo necesitas uno

La meta de cada guion de muestra es llevarte a iniciar una conversación. A partir de ese instante, tienes dos objetivos: hacer que tu prospecto se sienta cómodo contigo y obtener su punto de vista. Con esa información, haz lo posible por establecer una próxima cita.

Con el fin de lograr tu propósito de obtener información útil, debes estar preparado para manejar con propiedad la respuesta que te brinde el prospecto. Ciertos "expertos en ventas" creen que es importante controlar la llamada y no permitir que el prospecto tome ventaja y domine la conversación. Mi opinión es que es mucho mejor escucharlo e ir en la dirección que él quiera ir. Si no soy compatible para el prospecto, preferiría darme cuenta de una vez, en lugar de pasar por todo el proceso de ventas solo para que me rechace en el momento del cierre. Recuerda, el título de este libro es *Prospectos de alta calidad* y de eso se trata, de encontrar prospectos que te brinden la mejor oportunidad de cerrar más ventas y al mejor precio. Mi objetivo es encontrar prospectos a los que yo pueda aportarles valor al mejor precio.

Hace poco, contacté a un prospecto con quien sentía que encajaría bien. Para iniciar la conversación, tomé una actualización de una nueva legislación federal que yo sabía que iba a impactar su industria. Comencé la conversación preguntándole si conocía esa nueva información y, cuando dijo que no, le compartí un punto de todo lo que había leído. A partir de ahí, le hice un par de preguntas sobre su opinión al respecto, lo que a su vez condujo a una conversación interesante. El prospecto me comentó ideas sobre su compañía y al mismo tiempo me dijo cuán impresionado estaba ante el hecho de que yo estuviera al tanto de la legislación, lo que lo llevó a verme como alguien que podría aportarle valor a su empresa. La llamada duró menos de cinco minutos, pero fueron más que suficientes para obtener sus puntos de vista y acordar que nos reuniríamos en 30 días.

El tiempo que pasé investigando información y leyéndola antes de llamarlo fue de menos de 10 minutos. Eso, combinando con la breve llamada telefónica, quiere decir que, en menos de 15 minutos en total, pasé de tener un contacto a lo que se estaba perfilando como un prospecto valioso. Finalmente, cerré el trato y el prospecto se convirtió en un cliente importante para mi compañía.

La mejor manera de valorar tu tiempo es usándolo en tu beneficio al compartir información clave que les permita a tus contactos, prospectos y clientes entender que te interesas en sus negocios y estás dispuesto a ayudarlos. Yo siempre creo que iniciar una conversación con un tema significativo me llevará a descubrir más información del prospecto y que, en el mejor de los casos, terminará siendo una interacción que nos beneficie a ambos.

CAPÍTULO 14

¿Alguien escucha los correos de voz?

N o nos engañemos, la gran mayoría de las llamadas telefónicas va al correo de voz. Sin embargo, esa no es una razón suficiente para evitar el uso del teléfono para prospectar. De hecho, creo que el correo de voz, cuando se usa adecuadamente, es perfecto para este fin.

Una excusa que escucho con demasiada frecuencia es: "¿Para qué dejar un mensaje cuando de todos modos nadie me devolverá la llamada? ¡Lo más probable es que ni siquiera lo escuchen!". Discúlpame por un momento, pero seré franco: la razón por la que los prospectos no te están contestando tus mensajes es porque lo que les estás dejando es basura para ellos. ¡Tal cual! Basura. En serio, si tú fueras un prospecto y recibieras uno de los mensajes que les dejas a tus prospectos, ¿lo contestarías? ¡No! ¿Te molestarías en escuchar todo el mensaje? ¡Lo dudo! Esa es la respuesta a la pregunta de por qué nadie te devuelve tus llamadas —la razón eres tú—. Sin embargo, los mensajes de correo de voz pueden funcionar y en realidad funcionan cuando sabes lo que estás haciendo.

¿Qué dijeron?

¿Cuántas veces has empezado a escuchar un mensaje de correo de voz solo para darte cuenta en segundos de que no vale la pena? A todos nos ha pasado. ¿Cuántas veces has escuchado un mensaje de voz patético y terminaste de escucharlo solo para ver lo ridícula que podía llegar a ser esa persona? Te apuesto que lo has hecho y en más de una ocasión. Nos hemos inclinado a creer que los mensajes de correo de voz no funcionan debido a los numerosos mensajes erróneos que nosotros mismos hemos recibido. Además, creemos que este método no funciona porque nadie devuelve ningún mensaje. Sin embargo, el hecho de que otros no hayan tenido éxito en este intento no significa que tú tampoco lo vayas a tener. El correo de voz funciona cuando se usa correctamente y las expectativas son razonables. En mi caso, esta es una posibilidad más en mi caja de herramientas de búsqueda y, como sucede con cada herramienta, tiene ventajas únicas sobre otras herramientas de prospección.

Ventajas del correo de voz

► Al escuchar tu voz, el prospecto percibirá a través de ella tu confianza y energía.

► Puedes dejar un mensaje organizado y conciso que demuestre que respetas el tiempo de tu prospecto.

► Tienes la oportunidad de crear conciencia en tu prospecto. Tus mensajes sirven como una forma de publicidad, ayudándole así a familiarizarse contigo.

▶ Te permite dejar mensajes a diferentes horas del día, lo cual le muestra a tu prospecto que estás dispuesto a trabajar duro.

▶ El prospecto tiene la opción de escuchar los mensajes en el momento que más le convenga.

Desventajas del correo de voz

▶ Aprender a dejar un buen mensaje requiere de tiempo y práctica.

▶ Dependiendo de tu sistema de CRM y de las herramientas que tengas, la información que dejes será más difícil de ingresar al sistema.

▶ Existe el riesgo de que el prospecto no escuche el mensaje; sin embargo, este riesgo no es mayor que con cualquier otra herramienta de prospección que uses.

¿Serán estas las mismas ventajas y desventajas dentro de cinco años? No tengo una respuesta que darte, pero no me voy a preocupar por eso. Mi objetivo es cumplir mi meta de ventas de este trimestre y sé que el correo de voz funciona para alcanzar ese objetivo.

¿Dónde está el valor?

El mayor error que comete la gente es dejar un mensaje de cero valor para su receptor. Como mencioné antes, un prospecto no quiere saber qué tan maravilloso eres, ni lo que un montón de otras personas digan acerca de lo que tú y tu empresa hacen.

Piénsalo por un momento: ¿se despertó tu prospecto pensando en lo maravilloso que sería si lo llamaras? No, tu prospecto tiene cosas que hacer —eso es lo que necesitas entender—. Por lo tanto, tu mensaje debe contener una declaración de valor que lo beneficie. Esto significa que es necesario que resumas muy bien, en una sola frase, alguna información clave que tenga valor para él.

El siguiente es el texto de un correo de voz pobre, pero típico, como muchos que recibo:

"Hola, estoy buscando a la persona que está a cargo de los nuevos clientes. Mi nombre es John y trabajo con XYZ Company. Nos especializamos en ayudar a compañías como la suya a aumentar sus ventas. Hemos estado en el negocio durante más de 15 años y hemos ganado numerosos premios. Sistemas y métodos que utilizamos funcionan. Cada vez que trabajamos con una empresa, la asesoramos para que tenga más éxito. Lo que es aún mejor es que tenemos planes que se adaptan a todos los tamaños de empresas y presupuestos. No requerimos contratos prolongados y nos sentimos satisfechos al ver que a la mayoría de nuestros clientes les gustan nuestros planes de 30 días. Por favor, pídale a la persona encargada de encontrar nuevos clientes que me llame al xxx-xxx-xxxx, extensión xxx y pregunte por mí, John".

Este texto no le hace justicia a lo mal que suena este mismo mensaje en el correo de voz; y sí, tuve que corregir la gramática para que lograras entenderlo. Las razones de por qué el mensaje fue pésimo y no tuvo ninguna posibilidad de funcionar son:

Primero, carecía de energía. Tendrás que confiar en mi palabra en este caso. Si vas a dejar un correo de voz, entonces será mejor que lo hagas con energía. Este no solo era un *pésimo* vendedor; era una vergüenza para la profesión de las ventas. Sonaba como si acabara de salir de la cama, pues su voz no tenía ninguna energía.

En segundo lugar, este vendedor pronunciaba sus palabras y sílabas de corrido, a tal punto, que no se entendía quién era, ni con qué compañía trabajaba. Sin embargo, por la forma en que se presentó, admito que no podría importarme menos quién era él, ni lo que estaba tratando de vender. ¡Si él supiera la cantidad de veces que tuve que escuchar su mensaje solo para poder transcribirlo correctamente para este libro!

Tercero, ¡la calidad del equipo telefónico que estaba usando era terrible! No tengo ni idea de qué tipo de sistema estaba usando, pero distorsionaba su voz. Estoy seguro de que la comunicación habría sido horrible si hubiera contestado el teléfono, pero reproducirlo en mi correo de voz lo hizo sonar aún peor.

Cuarto, el mensaje era demasiado largo y no era sobre mí, el prospecto.

Quinto, habló fue sobre lo maravillosa que era su compañía y los premios que ha ganado. ¿Pregúntame si me importa? ¡Claro que no!

Por último, terminó la llamada informando tan solo una vez el número de teléfono y la extensión. Incluso si hubiera querido devolverle la llamada, habría tenido que escuchar el mensaje cinco veces para lograr entender bien el número porque su voz y su tono eran muy malos y él empeoró la situación aún más al decirlo apenas una vez.

Más que cualquier cosa, este vendedor se equivocó en todos los puntos críticos que compartí en el capítulo anterior sobre cómo usar el teléfono para prospectar. Es sorprendente la cantidad de mensajes de correo de voz incorrectos que recibo y estoy seguro de que tú también. ¿Por qué alguien dejaría un mensaje que carece de un mínimo nivel de claridad y energía? Podría dejar el mejor mensaje del mundo, pero si no puede dejarlo de una manera clara y con energía, entonces que no lo deje —así, no logrará mayor cosa.

Una gran técnica que sugiero es dejarse uno mismo un mensaje y escucharlo. La mayoría de la gente se asombra cuando escucha sus propios mensajes. Escucharte a ti mismo te permitirá identificar errores clave, como hablar demasiado rápido y cambiar el nombre de tu compañía por otras palabras, de tal forma que una persona que no esté familiarizada contigo, ni con quien trabajas tendrá poca o ninguna idea de quién eres y a qué te dedicas.

¿Pensaste que te devolverían la llamada?

No esperes que el prospecto te devuelva la llamada. ¡Acéptalo! Es muy probable que tu mensaje de voz no reciba respuesta. Por eso, lo mejor será que lo veas como uno entre una serie de intentos que harás para llegar a tu prospecto a través de diferentes medios.

Quizá, te estés preguntando por qué estoy hablando de la frecuencia de los correos de voz. La razón es simple: ¡porque quiero que sigas llamando! Porque en algún momento, tu contacto responderá y tendrás la conversación que quieres y, cuando eso suceda, te reconocerá debido a los mensajes de correo de voz que le dejaste. Lo que esto significa es que con cada uno de tus correos de voz estás plantando una semilla más en la mente de tu prospecto con relación a quién eres y al valor que podrías aportarle.

Por todo esto, es decisivo que tus mensajes de voz contengan algo de valor para el receptor. El mensaje no es acerca de ti. Eso es lo último que él querrá escuchar. Dejarle un mensaje a alguien que no estaba buscando que lo llamaras para luego decirle que eres incomparable es un gran fracaso. Lo único en lo que tendrás éxito será en acariciar tu propio ego, pero pronto irás a la quiebra debido a la falta de ventas. Tu mensaje debe ser de interés para el prospecto. La mejor manera de lograrlo es ante todo buscando información que él quizá no haya visto y que tú hayas tenido la oportunidad de revisar. Casi siempre, compartir un correo de voz que tenga este tipo de información es de gran ayuda. Este es el mismo enfoque que utilizarías si te hubieran contestado el teléfono. Recuerda, la clave de tu correo de voz no es hacer una venta, sino involucrar al prospecto en una conversación un poco más extensa. Es por eso que estás tomándote el trabajo de brindarle información que él valorará. La mayoría de los prospectos piensa que los vendedores son egoístas y no tienen ni idea acerca de la industria de sus prospectos. Por eso, cuando dejas un correo de voz que *no* es para hacer propaganda de ti mismo, sino más bien enfocado en el receptor, logras distinguirte de tu competencia.

Mensajes cortos = mayor impacto

¡Envía mensajes cortos! Hay muchas personas que dicen que la clave es dar el mensaje en menos de 30 segundos y, si es posible, hasta en 20. ¡Yo digo que así todavía es demasiado largo! Tus mensajes de voz para prospectar deben ser cortos; nunca dures más de 18 segundos y, si quieres mejores resultados, haz que sean de 12 segundos. Sí, dejar un buen mensaje en solo 12 o 18 segundos es difícil, pero se puede hacer. Les he enseñado esta estrategia a miles de vendedores ¡y funciona!

Solo una cosa le sucede a un mensaje largo: ¡lo borran! Pero peor que ser eliminado es que tengas que recordar que *tú* dejaste un mensaje tan largo. Ser breve al dejar un correo de voz es clave. ¡Debes ser firme y conciso, sin palabras desperdiciadas, ni incluir tu título! ¿Crees que a la otra persona le importa que seas un "vicepresidente del distrito norte-sur en la región occidental?".

Profundicemos en los *cómo* y en los *por qué* de un buen mensaje de correo de voz. Solo debes decir tres cosas:

1. Un saludo corto / introducción: *"Robert, le habla Joe Washburn, de Southern Mechanical".*

2. Una llamada a la acción y el motivo de la llamada: *"Tengo nueva información sobre los cambios en los códigos de construcción del metro. Estaría encantado de compartir esto con su empresa".*

3. Una invitación para contactarlo: *"Por favor, Robert, llámeme al 555-555-5555 para que hablemos del asunto. Una vez más, soy Joe Washburn y mi teléfono es 555-555-5555".*

Ten en cuenta que es importantísimo dar tu número de teléfono dos veces, ya que esto hace que para el prospecto sea mucho más fácil copiarlo. Inclusive, para hacer mejor las cosas, procura dejarlo al comienzo y al final. ¿Cuántas veces has tenido que escuchar un mensaje para obtener el número de teléfono correcto? Al decirlo dos veces, haces que sea más fácil que el posible cliente lo anote y te llame. Ahora, al dejar múltiples mensajes, es bueno que hagas cambios que le permite al prospecto notar que no estás hablando como un autómata.

Lograr que tus mensajes lleguen a una duración de 12 a 18 segundos requiere de esfuerzo, pero como todo, se vuelve fácil una vez que dominas la técnica. Observa cómo también me aseguré de mencionar el nombre del cliente potencial dos veces, pero no usé mis valiosos segundos para mencionar también su apellido. Además, prefiero mantener la informalidad y mencionar el apellido no solo consume un tiempo precioso, sino que hace que el mensaje se vuelva demasiado formal. Por último, nunca olvides cuál fue el mensaje. Toma nota detallada en tu sistema de CRM porque lo último que quieres hacer es que el prospecto te devuelva la llamada y no recuerdes con exactitud qué fue lo que le dijiste, ni la razón por la que lo contactaste.

A continuación, encontrarás algunos ejemplos que podrías usar. Sí, están dirigidos a industrias específicas, pero te darán ideas sobre cómo personalizar algo por el estilo para usarlo en tu industria.

1. Si vendieras seguros, te serviría dejar un mensaje que se trate de una declaración de valor que diga que tienes nueva información sobre una encuesta realizada entre empleados la cual muestra cómo ellos han cambiado su actitud hacia los seguros.

2. Si les vendieras servicios informáticos a empresas, podrías decir algo sobre un nuevo estudio que muestra cómo las empresas gastan menos en hardware debido a cambios que han venido realizando en cuanto a la forma en que usan los que tienen.

En la declaración de valor que le dejas de mensaje al prospecto, la idea es no detallar qué haces, ni qué tan grande es tu empresa. El objetivo es compartirle una frase que le permita saber que tú tienes algo de valor que a él podría servirle.

Usar el correo de voz como parte de tu campaña de prospección no es una licencia para dejarle el mismo mensaje dos veces a la misma persona. Esto es un insulto, ya que siempre debes asumir que tu prospecto escuchó el primer mensaje y optó por no responder. Me siento insultado cuando un vendedor me deja un mensaje duplicado, a tal punto, que nunca me tomaré el tiempo para contactarlo sea lo que sea que tenga para ofrecerme.

¿Te sientes corto de energía?

Recuerda que el objetivo del mensaje de correo de voz es lograr que el prospecto te perciba como alguien con quien él desearía conectarse y hacer negocios. Lo último que él quiere es hacer negocios con un vendedor que parece aletargado. La energía vende, porque transmite pasión y confianza. ¿Recuerdas el ejemplo que di en este capítulo? Sí, demasiada energía tiende a parecer cursi y artificial, pero eso casi nunca le sucede al 99.5% de los vendedores.

Los clientes actuales y potenciales desean sentirse seguros de los vendedores que los atienden, lo cual implica que debes mostrar confianza en ti mismo como vendedor.

Para transmitir energía y confianza, practica los siguientes trucos. Ya antes los mencioné, pero dada su importancia, quiero repetirlos:

1. Usa audífonos para hacer tus llamadas. Las personas que saben cómo involucrar a los demás en las conversaciones hablan con sus manos y eso es bastante difícil de hacer cuando tienes un auricular en la mano.

2. Mantente de pie al hacer tus llamadas de prospección. De esa manera, dejas entrar más oxígeno a tus pulmones y es increíble lo fuerte que sonará tu voz.

3. Practica tus mensajes. La primera llamada de prospección que realices para ponerte en marcha cada día debe ser para ti mismo, como cuando los atletas hacen calentamiento antes de un juego. Practicar en voz alta también te da la oportunidad de asegurarte de que estás seguro de lo que vas a decir. Es sorprendente cómo un poco de preparación aumenta tu nivel de confianza.

¿Qué pasa con el argumento que sostiene que algunas personas no revisan sus mensajes? Sí, las hay y el desafío es que no siempre sabemos quién es esa persona hasta después de que hayamos dejado varios mensajes. Ha habido muchos artículos y estudios que afirman que cuanto más joven es una persona, menos probable será que revise su correo de voz. En esto, tiendo a estar de acuerdo, pero aun así, no hay razón para minimizar el papel que desempeña el correo de voz como herramienta para prospectar. Mi filosofía a este respecto es: le dejaré al prospecto un correo de voz y continuaré usando este medio como una de mis herramientas para comunicarme con él hasta que me diga que no le deje más mensajes. Al igual que con muchas otras cosas, es fácil hacer suposiciones rápidas y luego terminar viendo que estábamos equivocados.

Las 11 reglas para dejar un buen mensaje de voz

1. Incluye solo tres puntos: un saludo, un llamado a la acción e información de contacto.

2. Nunca dejes que tu correo de voz sea de más de 18 segundos y trata de mantenerlo lo más cerca posible a los 12. Esto significa que necesitas practicar —primero, para saber lo que está diciendo, y segundo, para poder decirlo claramente y permitir que el prospecto entienda lo que le estás diciendo.

3. Deja información que el prospecto valore y quiera recibir. Cuando dejes tu mensaje, asegúrate de dejar una breve declaración (un llamado a la acción) sobre un dato clave o con respecto a cierta información sobre la cual puedas ahondar con él cuando te devuelva la llamada.

4. Comunica tu mensaje con confianza y voz segura. Nada matará una llamada de prospección más rápido que un mensaje débil. Levántate, concéntrate y sé intencional con tus palabras.

5. ¡Deja tu número de teléfono dos veces y lentamente! Es importante que lo repitas dos veces asegurándote de pronunciar bien cada dígito. Recuerda que tú sabes muy bien lo que estás diciendo, pero el prospecto no.

6. No dejes la dirección de tu sitio web, ni digas cuándo estás disponible. Saber cuál es tu sitio web le brinda a tu

prospecto una manera de informarse por su cuenta sobre ti y no tendrá que devolverte la llamada. Lo mismo ocurre con pedirle que te devuelva la llamada en determinado momento. Tu trabajo es estar disponible para él. No es el trabajo de él estar disponible para ti.

7. Usa unos audífonos que te permitan hablar con tus manos. Siempre hablamos con más energía cuando nuestras manos están libres.

8. Anota en tu CRM qué mensaje dejaste para que nunca dejes el mismo mensaje dos veces. Al registrar los detalles del mensaje, estarás preparado en caso de que el prospecto te devuelva la llamada.

9. Deja tus mensajes subsiguientes en diferentes días de la semana y a diferentes horas del día. Si alguien está ocupado el martes a las 2:00 p.m. una semana, es muy probable que esté ocupado el martes siguiente a esa misma hora. Rota tus días y horas de dejar los mensajes.

10. Usa el nombre de tu prospecto dos veces. A todos nos gusta escuchar nuestro nombre, pero no pierdas un tiempo valioso diciendo también su apellido; hoy, los negocios no son tan formales.

11. Usa el correo de voz junto con otras herramientas de prospección. Algunas personas nunca revisan su correo de voz. Lo último que quieres hacer es dejarle a tu prospecto mensaje tras mensaje y que nunca pase nada. Asegúrate de que tu estrategia de prospección incluya múltiples técnicas.

CAPÍTULO 15

Correo electrónico, comunicación y conexión

Apuesto que este es uno de los primeros capítulos a los que muchos lectores se dirigen después de comprar este libro. No nos engañemos; todo mundo quiere pensar que el correo electrónico es la mejor manera de prospectar. La pregunta #1 que recibo de los vendedores sobre el tema de la prospección es cómo hacer que la gente abra los correos electrónicos y los responda. Lo que hago es responderles con una pregunta: ¿por qué haces tanto énfasis en el correo electrónico? Sí, tal vez sea una herramienta eficiente, pero también tiende a convertirse en la forma de prospectar de los perezosos. Demasiados vendedores se resguardan bajo la excusa de que el correo electrónico es la única forma de llegarles a los clientes potenciales. Te diré por qué ellos dicen esto: ¡porque no quieren tener que trabajar y sienten miedo de tener que levantar el teléfono!

Antes de que sigas enviando correos electrónicos con el fin de prospectar, tómate el tiempo para diseñar un plan estratégico y táctico generalizado sobre cómo avanzarás en esa labor. El método más sencillo es dividir entre llamadas telefónicas y correos electrónicos la frecuencia con la que te comunicas con tu contacto: procura que una mitad sea a través de llamadas telefónicas y la otra mitad sea por medio de correos electrónicos. Si estás en una industria donde prevalecen las redes sociales, te recomiendo utilizar un tercio de cada una: teléfono, correo electrónico y redes sociales. (Tocaré más de este tema en un capítulo posterior). Enviar correos electrónicos es, en sí mismo, una pérdida de tiempo. Peor aún, tu dirección de correo electrónico podría terminar clasificada como spam y esto haría que tu prospecto nunca vuelva a ver tus mensajes, sea lo que sea que digan. El contenido que envías en un correo electrónico es el mismo que puedes usar durante una llamada telefónica; solo recuerda no duplicarlo el 100%. Lo último que quieres es dar la impresión de ser un vendedor perezoso que envía la misma información usando diferentes métodos.

Antes de entrar a mencionar más estrategias con el correo electrónico, es importante saber si existen restricciones legales con respecto a prospectar mediante correos electrónicos en el área donde estás enviando el correo electrónico. Canadá es muy estricto en cuanto a lo que allá se considera spam y las consecuencias pueden ser graves. Y no es solo Canadá, ya que hay otros países con regulaciones de diversos grados sobre el correo electrónico. Mi consejo es primero, que no hagas nada que infrinja la ley. Sin excepciones. Segundo, que tengas en cuenta que la ignorancia no es una defensa válida para no saber lo que puedes o no puedes hacer. Estoy de acuerdo en que suelen haber áreas grises con respecto a qué es un correo electrónico comercial y qué es un correo electrónico personal y cómo clasificarlo como legal o ilegal. Cualquier cosa que envíes, que sea con total integridad, asegurándote de que, lo que estás haciendo, se ajuste al entorno normativo del lugar al que estás enviando el correo electrónico.

Muchos de ustedes, quienes leen este libro, quizá trabajan en una industria gobernada por varias regulaciones a las que deben adherirse. Muchas veces, las regulaciones requieren incluir un descargo de responsabilidad al final de cada correo electrónico o las reglas estatales sobre lo que se puede o no se puede poner en los mensajes. Mi filosofía es cumplir siempre con las regulaciones que correspondan a tu industria.

Tu caja de herramientas requiere de más de una herramienta

No es que el correo electrónico sea una herramienta de prospección inadecuada. Es una herramienta fantástica cuando se usa por las razones correctas. Yo la uso todo el tiempo, pero recuerda que es *solo* una de tus múltiples herramientas de prospección. Es una lástima que, debido a que es muy fácil de usar, muchos vendedores la usen demasiado.

En mi caso, yo quiero que mi proceso de prospección sea tan efectivo que no tenga que depender de una sola pieza de software para cumplir con mi objetivo. El mayor problema que existe con respecto a esta forma de prospección es que demasiadas personas confían en esta gran cantidad de campañas. No creas que solo porque enviaste 100 correos electrónicos, eso significa que 100 personas los recibirán y además los leerán.

Parte de mi trabajo es interactuar con gente talentosa de todas las áreas del mundo de las ventas y te diré que no hay dos personas que adopten estrategias o filosofías idénticas cuando se trata de enviarles correos electrónicos a clientes potenciales. Existen demasiadas combinaciones y variables que los vendedores deben tener en cuenta. En este capítulo, te proporcionaré numerosas estrategias y desglosaré una a una las razones por las cuales algunas no funcionan. Luego, te mostraré cuáles usar de manera efectiva.

Por favor, no pienses que este es el único capítulo de este libro que necesitas leer. Si lo haces, no regreses a mí en unos pocos meses o años a decirme que las estrategias de prospección que compartí no funcionaron. ¡Usar el correo electrónico como tu única herramienta de contacto, simplemente, no te va a funcionar, punto! Tal vez, veas que te funciona por un tiempo, pero pensar que te funcionará año tras año es, en mi opinión, una estupidez y un reflejo de tu propia pereza. Sí, estoy siendo franco, pues mi misión es conseguir que aquellos lectores que piensan que el correo electrónico es la única respuesta dejen de pensarlo.

¿Quieres decir que no leíste mi correo electrónico?

Primero, debes aceptar que tu posible cliente ni siquiera ha visto tu correo, ya que su filtro de correo no deseado pudo haberlo bloqueado. A menudo, este es el resultado directo de un vendedor que cree que llegará a una persona mediante el envío de una gran cantidad de correos en un corto tiempo. Enviarle más de tres o cuatro a la misma persona en un período de 30 días cuando esta ni siquiera te conoce es pedirles a los filtros de correo no deseado/spam que te exilien de su correo para siempre.

En segundo lugar, solo porque enviaste tu correo desde tu computadora no significa que el prospecto también lo verá desde la de él. Lo más probable es que lo vea en su teléfono inteligente. E incluso si lo hace, lo leerá o lo eliminará dependiendo de lo que hayas escrito en la línea de asunto.

Hoy en día, existen tantas barreras para llegar a alguien por correo electrónico como barreras para comunicarse por teléfono; es solo que no las vemos. Profundizaré sobre esto más adelante, pero quiero que empieces por aceptar el concepto de que el correo electrónico funciona como una herramienta de prospección cuando el mensaje es conciso, breve y beneficioso para el receptor. Tu objetivo es evaluar el papel que jugará tu mensaje en el proceso de prospección y utilizarlo sabiamente como una de tus herramientas, no como la única herramienta.

Este no es el momento para una lista de compras

Una vez, en el transcurso de una semana, recibí, por lo menos, cinco correos electrónicos de prospección que no eran más que listas de compras del mismo remitente. Cuando digo "listas de compras", me refiero a esos correos que enumeran una variedad de servicios que el vendedor pensó que yo debería comprar. Cuando veo una lista como esa, todo lo que pienso es: "¿Cómo puede alguien ser tan estúpido para pensar que este enfoque podría funcionar?".

¿Cómo va a ser efectivo un mensaje que incluye semejante lista de cosas, sobre todo, cuando el remitente no tiene ninguna relación con el receptor? Si estás prospectando por medio de correos electrónicos que no son más que una lista de compras, detente ahora mismo. Estás perdiendo el tiempo. Si estás pensando en usar este enfoque, ahórrate el desgaste mental y detente. Incluso si obtuviste una respuesta de alguien que te solicitó información o un precio, te apuesto a que, en el 95% de esas situaciones, todo lo que ese contacto está haciendo es comparándote con alguien más. Enviar una lista de compras como tu estrategia de prospección es una invitación abierta para ayudarle al posible cliente a usar tu información para comprar donde mejor le convenga. Lo digo porque muchos compradores profesionales me han dicho que eso es lo que hacen cuando necesitan un segundo o tercer precio. Si deseas pasarte tu carrera de ventas ayudando a tu competencia, bien puedes hacerlo, pero no te enojes cuando no cumplas tu meta de ventas.

Componentes de un correo electrónico convincente

Los correos electrónicos pueden ser efectivos si los usas como un componente de tu plan de prospección. La clave es que sean siempre concretos y enfocados en lo que le interesará o beneficiará al receptor. Mi sugerencia es que no sean más de tres párrafos que contengan dos oraciones cada uno. Esto te permite transmitir una sola idea y omitir todos los detalles y basura que los prospectos no quieran ver.

Antes de siquiera pensar en enviar un correo electrónico de prospección, hazte estas cuatro preguntas:

- ► ¿Mi correo electrónico incluye un llamado a la acción?
- ► ¿Incluye un beneficio con el que el receptor pueda relacionarse?
- ► ¿Hace alguna conexión personal con el receptor?
- ► ¿Es sensible al tiempo?

Si has pasado algún tiempo en la industria del correo directo, reconocerás estas preguntas como los elementos básicos de una carta de correo directo. El problema que veo hoy en día es que muchos vendedores, debido a su pereza o ineptitud, creen que pueden lanzar correos electrónicos como copos de nieve. Piensan que si se los envían a suficientes personas, tendrán éxito. Bueno, como dice el viejo dicho, incluso una ardilla ciega encontrará una bellota de vez en cuando. Puede que tengas suerte una vez, pero nunca tendrás la suerte suficiente de cumplir tu cuota de ventas.

Usa las preguntas que enumeré anteriormente como base para escribir el contenido de tus mensajes. No pienses que el simple hecho de enviar un montón de correos electrónicos te proporcionará éxito. No, la mejor carta de prospección de ventas es compatible con una campaña integrada que incluya llamadas telefónicas y hacer presencia en la web. Esta es la gran razón por la que creo que el 99% de todas las campañas de prospección de correo electrónico no funcionan, porque no están integradas con otras herramientas de prospección.

¿Está la línea de asunto funcionando a tu favor o en tu contra?

La línea de asunto es, más que todo, el título de tu correo electrónico. El mismo concepto que se aplica a un titular de noticias se aplica a la línea de asunto de tu mensaje: el objetivo es despertar interés y hacer que el destinatario lea más. Si la línea de asunto no capta la atención del prospecto, no importa qué tan bueno sea tu correo electrónico, el prospecto no lo leerá.

Tu primer objetivo es asegurarte de que tu línea de asunto (o, para el caso, cualquier otra parte del correo electrónico) no contenga algo que los filtros de spam bloquearían. Si estás buscando una lista de palabras, lo siento, pero no la tengo. Y argumentaré que nadie la tiene, a pesar de lo que muchos digan. En mi trabajo, tengo la oportunidad de hablar y trabajar con muchas de las corporaciones más grandes del mundo y un tema que surge con frecuencia es sus propios sistemas de correo electrónico. He hablado con gente que pertenece a compañías muy grandes y, por lo general, me asegura que los filtros de correo electrónico de su compañía bloquean inclusive los correos electrónicos de sus cónyuges e hijos. Pensar que es posible descubrir la lista completa de palabras es una locura y, si alguien lograra llegar descubrirla hoy, mañana ya estaría desactualizada. Mi opinión al respecto es la misma línea que Google ha usado durante años: "No seas malvado".

La clave es redactar una línea de asunto que obligue al receptor a abrir el correo. Cuando desarrolles tu línea de asunto, escribir en ella algo sobre ti es fatal. Quizá, te inflará el ego, pero no servirá para nada más. Lo que he visto que funciona es mantener la línea de asunto simple y breve. Deseas que el receptor se sienta tan interesado como para leer las primeras palabras, especialmente si está hojeando sus mensajes en un dispositivo de mano.

Estas son algunas de mis recomendaciones sobre qué incluir en una línea de asunto:

- ▶ Nombre de una asociación con la que el destinatario esté relacionado.

- ▶ Nombre de una agencia reguladora u organismo gubernamental que tenga un impacto en el destinatario.

- ▶ Nombre de una persona que el destinatario respete.

- ▶ Nombre de un producto o división de otra empresa que pertenezca a la industria o comunidad a la cual esté vinculado el destinatario.

- ▶ Fecha y nombre de un evento específico que el destinatario reconocería con facilidad.

Ten en cuenta: la línea de asunto que utilizas debe encajar con el tema de tu mensaje. Usarla como carnada es muy poco ético. Me duele tener que escribir este descargo de responsabilidad, pero todos hemos estado en el extremo receptor de correos electrónicos de esta clase.

No me sueltes ahora

La frase de apertura de tu mensaje debe contener palabras como *estratégico, valor, liderazgo, ganancias, confianza, apalancamiento, ventaja y competitividad*. La única manera de saber con certeza qué palabras funcionan mejor en tu caso es probando diferentes opciones, pues las que funcionan bien en una industria pueden no funcionar igual en otra.

Llevar a un prospecto a abrir tu mensaje es solo el primer paso de mercadeo por correo electrónico. La frase inicial del mensaje también debe establecer el tono y darle al lector una razón para seguir leyendo. Aquí también es donde necesitas descartar todas las reglas que aprendiste en la escuela sobre cómo escribir una carta. Tomar el primer párrafo para presentarte a ti mismo y a tu empresa y luego indicar cuán grande es el privilegio de enviar tu mensaje es seguir un orden de ideas que no te generará prospectos. Sí, me duele decir esto, sobre todo teniendo en cuenta que mi madre estudió inglés en la universidad y enseñó gramática durante más de 30 años. Una de las mejores maneras de redactar un correo electrónico con el fin de prospectar es pensando que estás escribiendo un *tweet* o enviándole un mensaje de texto a alguien. Tienes que escribir de forma sucinta y así lograr llamar la atención.

Antes de profundizar de manera específica en un formato que sí funciona, comencemos con lo que no funciona. No utilices una línea o frase de apertura como cualquiera de estas:

Mi nombre es...

Trabajo para...

Mi empresa produce...

Hemos ayudado...

Somos responsables de...

¿Quieres saber qué está mal al usar estas frases? Que son sobre el remitente y significan: "¡Estoy tratando de venderte algo!". Esa es una primera impresión horrible y se parece a todos los demás correos electrónicos que recibe el prospecto. Si solo aprendes una cosa de este libro con respecto al correo electrónico, espero que sea esto: ¡prospectar no se trata de ti! Se trata de tus contactos, prospectos y clientes.

Entonces, ¿cómo iniciar un buen correo electrónico? Poniendo en práctica las siguientes estrategias.

Estrategia 1. Aprovecha un punto en común

El punto más común es una referencia o un nombre familiar, ¡pero hay muchos más! Ejemplos de puntos en común incluyen un evento de la industria, un competidor, una adquisición, un informe anual o trimestral, un comunicado de prensa, un premio o reconocimiento e inclusive una promoción. Lo que sea que elijas, asegúrate de que se trate de algo importante para tu prospecto. Observa estos ejemplos de frases iniciales:

Su reciente adquisición de ABC Corporation…

La FDA ha publicado sus nuevos hallazgos…

Anoche, el Congreso aprobó la ley…

En un nuevo estudio, la AMA…

La siguiente es una actualización sobre la investigación relativa a…

Las nuevas cifras están fuera de actualización…

UBC revisó el estado de las normas…

Los ejemplos específicos de B2C incluirían:

Cambios en el Código de Construcción…

Metas financieras…

Financiación universitaria…

Objetivos para la jubilación…

Los Green Bay Packers este año…

La Universidad de Texas anunció…

Estrategia 2. Promueve la experiencia de la industria

Hoy en día, la gente vive muy ocupada en medio de sus rutinas diarias. Ya no puede darse el lujo de mantenerse actualizada ni siquiera en el conocimiento de su propia industria como alguna vez lo hizo. Así las cosas, tu papel como experto en la industria dentro de la cual te mueves es invaluable para tus prospectos, motivo por el cual es conveniente que hagas mención de esa experiencia. Cuando algo cambia en la industria, ya sea que se trate de tu función comercial, de algún aspecto de naturaleza regulatoria, de un evento empresarial próximo o de un cambio competitivo en el panorama, no asumas que todos los que pertenecen a ella ya lo saben. El mero hecho de que puedas demostrarles a tus prospectos que eres un experto te permite sobresalir entre la competencia.

Un ejemplo de una primera frase de un experto de la industria viene siendo algo así:

En los últimos 18 meses, ha habido un enorme giro en cuanto a…

Las nuevas normas son más estrictas de lo esperado…

Con la UE prediciendo un cambio, lo vemos…

Cambios en la industria que impactan a los competidores…

Ejemplos de B2C incluyen:

Los nuevos códigos de construcción no requieren tanto…

Modelos de planificación de la jubilación que hemos visto…

La evaluación del riesgo requiere experiencia…

Al observar con detenimiento estos ejemplos, se diría que son similares a los de la primera estrategia, y con razón, lo son. Cuanto más las frases iniciales incorporen no solo una estrategia, sino dos o incluso tres, mayor será la probabilidad de que tengas éxito en incitar a tu prospecto a leer tu correo y responderlo.

Estrategia 3. Usa palabras estratégicas

Es claro que tu empresa está en el negocio con el objetivo de aliviarles un dolor a los clientes o para brindarles algún tipo de beneficio. El desafío es que muchas otras compañías y vendedores también están en esa misma tónica y destacarte es una misión crucial en la que necesitas tener éxito. Crear valor es la forma más fácil de lograrlo.

Dependiendo de tu audiencia, hay algunos términos clave que ayudan a elevar el nivel de vocabulario de tu negocio para que coincida con tu prospecto objetivo. Los que más puedes aprovechar negociando B2B son: *estratégica, valor, liderazgo, ganancias, confianza, apalancamiento, ventaja y competitividad.*

Observa algunos buenos ejemplos en acción:

Sus ganancias del cuarto trimestre están en línea para aprovechar X, lo que de manera estratégica…

El liderazgo cambia en varias posiciones clave…

Cambios en el panorama competitivo…

La venta en un entorno B2C te permite usar algunas de esas mismas palabras, pero muchas son diferentes. Las mejores incluyen: *seguridad, confianza, confidencialidad, actualidad y valor.*

Algunos ejemplos de B2C incluyen:

Brindar seguridad siempre debe ser la meta # 1…

Crear confianza no ocurre fácilmente…

Los cambios en el valor actual pondrán en riesgo más estrategias…

Guiones que necesitas para enviar correos electrónicos

¿Qué hace a un correo electrónico ser apropiado para prospectar? No incluir gráficas, ni archivos adjuntos y que contenga no más de cuatro a seis frases distribuidas en dos o tres párrafos. ¡Eso es todo! Este tipo de correo no es el más indicado para hacer un análisis detallado de tres mil palabras que explique todas tus credenciales, ni todo lo que eres capaz de hacer. El objetivo es crear un nivel de interés suficiente como para generar la oportunidad de sostener una conversación con el prospecto en algún momento.

Para que el mensaje sea fácil de leer en un dispositivo de mano, deja siempre doble espacio entre los párrafos.

Haz una firma simple. No incluyas el logotipo de tu empresa, ni los premios que has ganado. Si tu compañía requiere que hagas una firma detallada con el logotipo de la compañía, entonces te recomiendo que tengas una firma alternativa para que la utilices cuando prospectas.

Aquí está la línea de firma que utilizo para mis correos electrónicos:

Mark Hunter "The Sales Hunter"

402-445-2110

www.TheSalesHunter.com

Algunos argumentarán que no debería incluir mi sitio web. Mi consejo a este respecto es que, si trabajas con una empresa pequeña, lo incluyas. Si trabajas para una empresa conocida, no incluyas tu URL, sino el nombre de tu empresa en un texto sencillo.

Ahora, veamos todos estos consejos juntos. El siguiente es un ejemplo de un correo electrónico ideal para prospectar:

Asunto: Nueva Fed. Reglamento publicado

El gobierno federal ha actualizado las regulaciones y a partir de ahora las empresas tendrán 18 meses para implementarlas. Los cambios son bastante extensos, pero hay formas de cumplirlas sin que afecten el funcionamiento del negocio.

Tenemos nueva información que me encantaría compartir con ustedes. En Brown Consulting hemos estado monitoreando de cerca este proceso.

Mi número de contacto es 555-555-5555 y estaré encantado de brindarles información y ayudarles a evitar posibles inconvenientes generados por cumplimiento.

Gracias por la atención, Randy. Espero que hablemos.

Mark Hunter

Brown Consulting

555-555-5555

Este ejemplo es compatible con los dispositivos móviles, son seis frases en tres párrafos y todos están enfocados en información que le interesará al prospecto. ¿Obtendrás un promedio de respuestas del 100%? No, pero apuesto a que obtendrás mucha mayor respuesta que con otros correos que hayas estado enviando.

Aquí hay tres ejemplos más:

Asunto: Cambios en el código de construcción

A partir de este mes, los nuevos cambios en el código de construcción han entrado en vigencia. Son cambios significativos y se requieren actualizaciones.

Le brindaremos pautas que le ayuden en este proceso. Por favor, contáctenos vía telefónica o envíenos un correo electrónico y estaremos encantados de colaborarle.

Mark Hunter

Acme Engineering

555-555-5555

Asunto: Crecimiento de ventas rentables

Descontar para cerrar ventas se está convirtiendo en un gran problema para muchos vendedores. El impacto del descuento sobre las ganancias tiende a ser significativo.

Nuestra empresa ha diseñado estrategias efectivas para hacer negocios sin tener que hacer descuentos y nos complacería compartirlas con usted. Llámenos o envíenos un correo electrónico para brindarle más información al respecto.

Mark Hunter, "The Sales Hunter"

402-445-2110

www.TheSalesHunter.com

Asunto: Apoyo en el papeleo para la matrícula universitaria

Para muchas familias, hacer todos los preparativos para el

ingreso a la universidad de alguno de sus miembros es difícil. Además, las nuevas pautas federales con respecto a cómo solicitar el apoyo para la matrícula alargan el proceso. Me encantaría colaborarle.

No dude en llamarme o enviarme un correo electrónico a su conveniencia. Le mostraré varias formas que hagan más fácil completar el papeleo requerido.

Ross Johnson

Johnson Financial Services

555-555-5555

Si lo envío, ¿lo verán?

Si me preguntaras qué días son los mejores para enviar un correo electrónico de prospección, te diría que martes, miércoles o jueves, pero hay muchas excepciones a la regla. Cada industria tiene su propio ciclo económico. Trabajo con industrias donde el único día en que uno logra comunicarse con alguien es un lunes, mientras que en otras puedes hacerlo cualquier día que *no* sea lunes. La clave es experimentar y mantener notas sobre los resultados todo el tiempo. Es sorprendente comprobar que no solo el día de la semana, sino también la época del año, puedan marcar la diferencia.

Cuando le envíes más de un correo electrónico a la misma persona, asegúrate de cambiar el día de la semana y la hora. La mayoría de la gente se adhiere al mismo horario semana tras semana lo cual significa que, si deseas tener una mejor probabilidad de que tus prospectos te respondan, debes procurar variar los días y las horas en que envía tus correos. Además, algunas personas que rara vez responden quizá lo hagan si lo reciben entre las 5:30 p.m. y las 6:15 a.m. Experimenta y trata de detectar qué es lo que le funciona mejor a tu público objetivo.

¡No sofoques a nadie! Con esto quiero decir que no le envíes a nadie el mismo mensaje dos veces asumiendo que no lo vieron desde la primera vez que lo enviaste. Además, no envíes uno tras otro, porque crees que abrirán por lo menos uno de ellos. Enviar demasiados correos dentro de un tiempo demasiado corto es una excelente manera de lograr que los filtros de spam te eliminen. Yo prefiero nunca enviarle a un mismo prospecto más de cuatro correos electrónicos en un espacio de seis semanas antes de desistir si veo que no me responde. Entonces, dejo de contactarlo durante 90 días y luego hago lo que dice en la parte posterior de las botellas de champú: "Repetir".

No dejes que un teléfono inteligente te impida lucir inteligente

Un gran error que muchos vendedores cometen es pasar horas en sus computadoras portátiles o de escritorio tratando de redactar el mensaje perfecto. Después de escribirlo, lo miran y se maravillan de lo inteligentes que son y de cómo este generará las respuestas que ellos desean. Luego, empiezan a soñar con el éxito como si acabaran de ganarse la lotería y una banda de música estuviera a punto de ingresar a las salas de sus casas, seguida por los medios de comunicación, con cámaras rodando mientras les presentan un cheque de lotería gigante. ¡Sigan soñando! Eso no va a suceder debido a un gran error del que pocos vendedores se dan cuenta.

Probablemente, escribieron sus mensajes en una pantalla grande, ya sea en una computadora portátil o de escritorio y para ellos se ven muy bien y son fáciles de leer. El problema es que lo más fijo es que sus prospectos los verán en una pantalla pequeña, bien sea en sus teléfonos inteligentes o tabletas. Por esta razón, una de las mejores cosas que debes hacer después de escribir un correo electrónico de prospección es autoenviártelo y verlo en tu teléfono. Cuando comparto este concepto con los equipos de ventas, suelo pedirles que saquen sus teléfonos inteligentes, abran sus correos electrónicos y comparen con quienes los rodean cómo se ven sus mensajes en sus dispositivos. Incluso dentro de la misma empresa y con dispositivos similares, los correos electrónicos pueden y se verán diferentes debido a la forma en que cada usuario configura su dispositivo. No saber cómo se verá tu mensaje en un dispositivo de mano es una estupidez. Con la amplia gama de dispositivos que se utilizan en la actualidad, la posibilidad de que tu correo electrónico aparezca menos que estelar siempre debe ser una preocupación.

Además, surge un segundo problema que viene junto con los correos electrónicos cuando se leen en pantallas pequeñas: se trata de la diferencia en el nivel de enfoque que recibe un mensaje al abrirlo en un dispositivo portátil. Pregúntate: "¿Paso más tiempo leyendo cada correo electrónico individual cuando lo estoy viendo en mi computadora portátil o de escritorio que cuando lo veo en mi teléfono inteligente?". Lo más probable es que tu respuesta sea "Sí". No tengo ningún dato comprobado para respaldar mi teoría, aparte de las respuestas que he recibido de los miles de vendedores a los que les he preguntado en las reuniones a las que he venido asistiendo a lo largo de los años. Ellos han dicho: "Sí, estoy menos concentrado al leer mis correos electrónicos en un teléfono inteligente y soy más propenso a borrarlos".

Muchas personas, incluido yo mismo, prefieren revisar su correo electrónico en un teléfono inteligente. Cuando uso el mío para revisar mis mensajes, lo único que leo en cada uno de ellos son un par de palabras en el asunto y tal vez los primeros 100 caracteres. Sobre la base de esos dos elementos, y dependiendo de quién lo envió, tomo una decisión rápida para eliminarlo o leerlo. Lo más probable es que lo elimine. Tendemos a revisar nuestro correo electrónico mucho más rápido cuando lo revisamos en nuestros teléfonos inteligentes que cuando trabajamos en nuestros ordenadores portátiles. Por eso es que hago hincapié en la importancia de la línea de asunto y en la primera frase del mensaje.

Para que no pienses que la línea de asunto y las primeras palabras son lo único en lo que necesitas centrarte, agregaré: "No, aún hay más". Digamos que recibiste un correo electrónico de mi parte y que la línea de asunto y las primeras palabras fueron intrigantes, así que lo abriste para leerlo. Si es un mensaje largo, con gráficas y archivos adjuntos, puede que nunca se descargue correctamente y que lo más probable sea que lo eliminarás sin leerlo. Esta es la razón por la que enfatizo una y otra vez en la importancia de seguir los criterios descritos en este capítulo sobre la longitud ideal de un correo electrónico de prospección.

Cada idea que he compartido en este capítulo sobre cómo usar el correo electrónico como herramienta de búsqueda pretende ayudarte a superar un problema que he llamado "frenesí por eliminar los correos desde los teléfonos inteligentes". No te imaginas la cantidad de comentarios que he recibido de personas compartiéndome este problema y cada una de ellas afirma que, al hacer que sus correos electrónicos sean "aptos para leer en los teléfonos inteligentes", han podido conectarse con más gente a la que antes no lograba tener acceso.

Las 10 reglas para prospectar usando el correo electrónico

1. Utiliza el correo electrónico como una herramienta de prospección, pero recuerda que esta no es la única y que no puedes confiar 100% en su efectividad, pues su uso equivale a enfrentar obstáculos como los filtros de correo electrónico. La mejor manera de prospectar utilizando el

correo electrónico es cuando lo ves solo como una de las herramientas de prospección y no como la única.

2. Escribe tu mensaje de tal manera que se pueda leer desde un teléfono inteligente. Ten en cuenta que un alto porcentaje de personas revisa sus mensajes desde su dispositivo móvil. Por lo tanto, asegúrate de que tu correo electrónico sea tan fácil de leer en un teléfono inteligente como lo es en una computadora portátil.

3. Asegúrate de que tu mensaje sea corto. No debe ser de más de seis frases en no más de dos o tres párrafos. Los prospectos son menos propensos a leer mensajes largos y aún menos propensos a interactuar contigo si tu mensaje no es breve.

4. No incluyas archivos adjuntos, ni gráficas. Mantén despejada tu bandeja de entrada para que cargue rápidamente sea cual sea el dispositivo que uses y para darles a los filtros de correo no deseado una razón menos para bloquear tu correo electrónico.

5. Nunca envíes dos veces el mismo mensaje al mismo contacto. Asume siempre que ya leyó el primero. De lo contrario, es decirle que no confías en él.

6. Incluye una línea de asunto convincente. La gente está buscando una razón para eliminar en lugar de leer. Si no escribes una línea de asunto interesante, estás invitando al receptor a que, en la gran mayoría de casos, no abra tus mensajes.

7. Concéntrate en los primeros 100 caracteres del mensaje, pues son de suma importancia. Dado que un número tan alto de correos electrónicos es visto desde un teléfono inteligente, es vital que te asegures de que lo primero que tus prospectos lean sea lo más contundente posible.

PROSPECTOS DE ALTA CALIDAD

8. Nunca envíes más de tres o cuatro correos electrónicos en un término de seis semanas sin recibir respuesta. Esto minimiza la posibilidad de que tus correos sean etiquetados como spam por los filtros de correo electrónico de tus prospectos. Los factores específicos utilizados variarán drásticamente, pero no deberías arriesgarte a ser desterrado a la carpeta de correo no deseado o basura.

9. No hagas que el correo electrónico parezca una lista de compras al relacionar en él una descripción exhaustiva de todo lo que sabes hacer. Cada mensaje que envíes debe estar enfocado en un punto específico. Convertirlo en una lista de compras es poner demasiada información de una sola vez frente a tus prospectos.

10. Usa el software de seguimiento de correo electrónico para monitorear tus correos clave y verificar si los abrieron. Hasta el mejor correo electrónico resulta inútil si no sabes si lo abrieron y lo leyeron.

CAPÍTULO 16

Referidos y otros más prospectos

Las empresas necesitan contratar nuevos proveedores, bien sea para abastecerse de nuevos productos o servicios o para remplazar de forma permanente a algún proveedor actual. Hace unos años, mi empresa realizó una evaluación de nuestros proveedores para determinar si deberíamos contratar una nueva empresa de diseño y alojamiento web. Estábamos convencidos de que el servicio de nuestra empresa web actual estaba a la altura de nuestros requerimientos, pero hasta que no viéramos más opciones, no podríamos estar seguros de que así era. Entonces, comenzamos el proceso de revisión y, finalmente, optamos por permanecer con el proveedor que teníamos.

Hoy en día, estamos en el proceso de cambiarlo, basados en la calidad del trabajo que hemos visto de una empresa web que uno de nuestros socios comerciales está utilizando. Durante un tiempo, he estado analizando la calidad del trabajo que ellos hacen y, en conversaciones con mi socio de negocios, he observado lo satisfecho que él se siente con sus servicios. El proceso del cambio comenzó cuando me contacté con el proveedor. ¡Qué lástima! Si esa empresa me hubiera contactado antes, desde haría años, estaría haciendo negocios conmigo. El problema era que no sabía que yo existía, porque su representante nunca se molestó en pedirle referencias a mi socio comercial.

Comparto esta situación porque les sucede a demasiados vendedores y clientes. Mi empresa estaba en una situación en la que nuestro proveedor no estaba haciendo nada malo que justificara el hecho de cambiarlo, pero tampoco estaban haciendo un trabajo que pudiera catalogarse como impresionante. Dicho de otra manera, no estaba reportando suficientes pérdidas, ni ganancias como para generar un movimiento dirigido a remplazarlo. Aquí es donde los vendedores fallan. Si el representante de ventas de la empresa web que mi socio de negocios estaba usando se hubiera tomado el tiempo para pedir referidos (¡que sé que mi socio comercial hubiera estado feliz de darle!), habría llegado a mí desde hacía varios años. Él hubiera tenido un cliente más y yo estaría recibiendo un mejor servicio desde hace tiempo.

¿Por qué no estás pidiendo referidos?

La mayoría de los vendedores duda en pedir referidos y creo que esto se debe a su falta de confianza en cuanto a cómo les responderán sus clientes. A muchos vendedores no solo les preocupa no obtener referidos, sino también el hecho de que pedirlos dañe la relación que ellos tienen con sus clientes. Sin embargo, el vendedor que decide renunciar al proceso de pedir referencias está cometiendo un gran error, ya que no se beneficia de lo que este proceso tiene para ofrecerle.

Pedir referidos le sirve al vendedor para varias cosas. Naturalmente, el mayor beneficio es que obtiene acceso a prospectos de alto potencial, pero también le ayuda a fortalecer su relación con el cliente. Cuando les pides referidos a tus clientes, ellos tienen dos opciones: una es darte esos referidos que tanto necesitas; la otra es decirte que "no". Claro, hay variaciones en ambas posibilidades, pero para mantener las cosas simples, todas se reducen a un sí o a un no. Pero independientemente de cómo ellos te respondan, primero tienen que pensar en la relación que tienen contigo y esa simple acción es enorme. En mi caso, cuando les he pedido referidos a mis clientes, en numerosas ocasiones he observado que esta petición termina generando conversaciones adicionales acerca de cómo su relación conmigo los ha beneficiado. Piénsalo por un momento: tus clientes terminarán haciendo comentarios positivos con respecto a ti y a tu empresa y de esta manera terminarán fortaleciendo los sentimientos que ellos tengan hacia ti y hacia los servicios que les prestas.

Cada vez que he pedido un referido, me ha ido mejor de lo que pensaba y me he sentido un vendedor más productivo. ¿Les pido referidos a todos mis clientes? ¡No! Pongamos las cartas sobre la mesa. He tenido algunos clientes a quienes nunca se los he pedido. Sin embargo, en estos casos, el motivo ha sido que el perfil del cliente me llevó a concluir que cualquier recomendación que él me diera muy probablemente no encajaría en el perfil del tipo de prospecto que busco. Lo peor que puedes hacer es solicitar un referido que después no vas a contactar. Hace años, conocí a Roger, un dinámico agente de seguros de vida. Sin duda, fue formidable conocerlo. Desde el comienzo, me sorprendió con todo lo que ya sabía de mí e incluso sobre cuáles eran mis expectativas. Así las cosas, decidí confiar en él, ya que su consejo fue acertado y todo lo que decía y hacía exudaba confianza y confidencialidad. Roger me contactó a través de un referido que recibió de otra persona. Él es muy abierto con respecto a su deseo de obtener referidos y le he dado varios en el transcurso de los años que llevo trabajando con él. Es fácil dárselos, pues confío en él y quiero que otros también se beneficien de su amplia experiencia.

Desde que conocí a Roger, nunca me he encontrado con otra persona que usara referidos de manera tan eficiente como él. Roger es increíblemente exitoso usando referidos por tres razones. La primera, porque hace un gran trabajo cuidando a sus clientes. La segunda, porque sabe cuándo pedir los referidos. La tercera, porque siempre se los agradece a sus clientes y los mantiene informados sobre cómo los está manejando.

La danza de los cuatro pasos

Solo porque el ejemplo que utilicé es entre B2C, no pienses ni por un momento que no puedes aprovechar los referidos en un entorno de B2B. ¡Sí puedes! Los pasos son los mismos. La actividad de pedir referidos y saber aprovecharlos se reduce a cuatro sencillos pasos. Son muy fáciles de implementar y estoy seguro de que te harán ganar tanto dinero como cualquier otra estrategia en este libro. No hay nada complicado en ninguno de los pasos; Simplemente, debes ser disciplinado para ponerlos en práctica.

Cómo implementar los cuatro pasos para pedir referidos

1. Pide referidos. Cada vez que tu cliente encuentre valor en lo que estás vendiendo es un buen momento para solicitárselos.

2. Conéctate con tus referidos. Idealmente, el cliente que te los da te pondrá en contacto con ellos a través de un

correo electrónico o de una llamada telefónica. Incluso si ese no es el caso, hacer contacto con ellos lo antes posible es mostrar respeto hacia quien te los dio.

3. Mantén informados a tus clientes con respecto al contacto que hiciste con los referidos que te dieron. No los dejes sin saber del asunto. De esa manera, los alentarás a que te brinden más referidos.

4. Manifiesta tu aprecio en cada paso del camino. Nada de lo que hagas te generará más referidos que el hecho de mostrarle aprecio a cada persona involucrada en el proceso.

Paso 1:
Pide referidos

Para que te vaya bien (y cuando digo "bien", quiero decir realmente bien), debes hacer que la solicitud de referidos forme parte del proceso de venta. Los planificadores financieros y quienes se mueven en un entorno de B2C tienden a ser mejores en este aspecto, pero como dije antes, el proceso es el mismo que entre B2B y las recompensas suelen ser igual de grandes.

Solicita referidos cada vez que tu cliente haya visto el valor de lo que le proporcionas. Sí, casi siempre será después de que le hayas vendido, pero no pienses que esa será la única vez. Muchas veces, en las ventas de B2B, el proceso de venta se extiende durante largo tiempo. Sin embargo, toma esos momentos en los que el cliente ve el valor de lo que le proporcionas como la oportunidad perfecta para pedirlos. Por ejemplo, digamos que sales de una reunión productiva con tu cliente con respecto a tu propuesta y que el cliente te felicitó por lo que le mostraste. En ese momento, es apropiado preguntarle sobre alguien en otra división o unidad operativa con quien podrías hablar. Tal vez, termines con un nuevo contacto o de pronto no te lo dé —de cualquier forma, tu cliente te respetará por tu confidencialidad—. El único momento en el que te aconsejaría no pedir referidos es si la venta en la que estás trabajando es tan importante tanto para tu empresa como para tu cliente, que el hecho de mantenerte el 100% enfocado no solo es necesario, sino crucial.

Pide referidos inmediatamente después de obtener una orden. Este es el momento más natural para hacerlo, pero es asombroso ver cómo, incluso en esta fase, pocos vendedores lo hacen. El hecho de que nosotros, como comunidad de ventas, no solicitemos referidos después de cada transacción dice mucho sobre la falta de confianza que todavía hay en muchos vendedores con respecto a su labor.

Solicita referidos después de cierto tiempo en que el cliente te haya comprado. Lo bueno de esto es que *no solo tú* puedes hacerlo, sino también tu personal encargado del servicio al cliente. Muchas veces, durante el inicio, la instalación y / o los primeros días de la venta, tu equipo de servicio al cliente está más involucrado con el prospecto que tú. Por esta razón, es conveniente entrenarlo para que sepa cómo y cuándo solicitar referencias. Siempre es interesante la cantidad de veces que un miembro de este equipo sin pretensiones de obtenerlas recibe una cantidad asombrosa de datos sobre clientes potenciales y referencias.

Te recomiendo que tengas un calendario anual que te sirva para asegurarte de que alguien del equipo de ventas se encargue de hacerles seguimiento a todos tus clientes con el fin de obtener referidos. Es fácil que te olvides de pedírselos también a esos buenos clientes que has tenido durante años. Al sacar un tiempo determinado, o diseñando el proceso apropiado, será mucho menos probable que dejes que los buenos clientes se queden sin darte unas cuantas referencias.

Para los clientes que te compran con regularidad, y con quienes tienes comunicación constante, solicitar referencias debe ser una actividad que realices todo el tiempo. Mi sugerencia es que seas metódico para pedirlas cada seis meses o en cualquier otro momento en que estés con el cliente y la conversación se preste para hacerlo.

Haz que sea sencillo

El arte de pedir un referido consiste en hacerlo de forma sencilla. El mejor enfoque que he encontrado es conectando la solicitud en torno a uno de dos momentos: bien sea a medida que el cliente confirma un beneficio clave y le da valor a lo que le estás ofreciendo o cuando le estás pidiendo una opinión general acerca de ti y de tu empresa. A continuación, encontrarás tres ejemplos sobre cómo desarrollar un enfoque que te funcione en la industria dentro de la cual te mueves.

"Usted mencionó cuánto aprecia la forma en que le estamos ayudando a automatizar sus sistemas. Supongo que conocerá otros negocios que también se beneficiarían de nuestros servicios, ¿verdad?".

Observa cómo en la pregunta asumí que el cliente conoce a otros posibles interesados en el mismo servicio. Es asombroso cómo, mediante el simple hecho de elaborar una frase utilizando una suposición, se generan referencias.

"¿Cómo le está funcionando nuestro sistema? Supongo que ya debe estar viendo el enorme servicio que le presta. Estoy seguro de que conocerá otras empresas que se beneficiarían de esa misma manera. ¿Hay alguna que venga a su mente en este instante?".

Este segundo ejemplo le permite al cliente compartir cualquier cantidad de cosas que te ayudarán a asegurarte de cumplir con sus expectativas. Lo interesante en este caso es que estás logrando dos cosas: cumpliendo con sus expectativas y obteniendo referencias.

"Es maravilloso ver que hemos construido un plan que le permita a su familia lograr los objetivos financieros que ha deseado durante tanto tiempo. ¿Conoce otras familias que se beneficiarían de planes similares?".

Lo importante es que no te compliques demasiado al pedir los referidos. Hazlo de una manera simple para que se convierta en una parte más de la conversación que sostengas con tus clientes.

Paso 2:
Conéctate con tus referidos

La mejor manera de conectarte con tus referidos es procurando que la(s) persona(s) que te los proporcionó te conecte(n) personalmente con ellos. Hay quienes opinan que lo mejor es hacerle(s) la solicitud de que te conecten en el momento mismo en que te los dan. Personalmente, no me gusta ese enfoque, ya que me parece que es pedir demasiado y a al mismo tiempo. Esta es una de las razones por las que los vendedores no solicitan más referidos, porque creen que tiene que solicitar la conexión al mismo tiempo que hacen la petición de los contactos. El hecho es que es posible hacer las dos solicitudes por separado.

Cuando pidas que te conecten, hazlo fácil. Después de que el cliente te haya dado el nombre de alguien, agradécele y luego pregúntele qué de todo lo que ofreces le gustaría más a ese referido. Esto hará que el cliente se sienta importante, pues le estás pidiendo su opinión. Después de que te haya dado su opinión, tómate el tiempo para preguntarle si estaría dispuesto a presentarte con su contacto en persona. Depende de él la forma en que decida hacerlo. Por lo general, suele ser una conexión vía correo electrónico aunque también puede ser a través de una llamada telefónica, un mensaje en las redes sociales, un mensaje de texto o mediante una reunión cara a cara. La clave es pedirle que lo haga y, al mismo tiempo, obtener la información de contacto del referido. Además, con el nivel de recursos disponibles a través de internet, no es tan difícil localizar la información de contacto de nadie, pero obtenerla del cliente sigue siendo la mejor forma.

Cuando el cliente te da un nombre, es crucial, independientemente de cómo se realice la introducción, pedirle su autorización para mencionar su nombre (si no está dispuesto a hacer la introducción él mismo). Si te pide que no lo menciones, dejo a tu criterio determinar si la referencia tiene mérito o si tan solo se trata de un nombre que te está dando para mantenerte contento. Sea cual sea la forma en que transcurra la conversación con respecto a los referidos, debes manifestarle agradecimiento a tu cliente, por ejemplo, preguntándole cómo puedes *ayudarlo*. Podría ser dándole tú también un referido. Si es así, asegúrate de no solo darle el primer nombre que se te ocurra, como para devolverle el favor. No, tu objetivo es ir más allá.

Paso 3:
Mantén actualizado a quien te dio el referido

Es fácil y divertido de hacer, sin embargo, a pesar de esto, me sorprende la cantidad de vendedores que solicitan referidos, pero nunca hacen un seguimiento para mantener informados a sus clientes. La persona que te dio esa referencia hizo todo lo posible para dártela. ¿No crees que le debes el respeto de mantenerla informada? ¡Sí! No solo porque eso es lo correcto, sino porque también es sorprendente ver cómo, de esa manera, terminarás generando más referidos.

La forma en que elijas realizar el seguimiento dependerá de la industria en la que te encuentres y de los métodos de comunicación preferidos por quienes la conforman. La única regla a seguir es que te asegures de comunicarte con el cliente que te dio el referido utilizando el método de comunicación que él prefiera.

Paso 4:
Agradece cada paso en el camino

Este no es un paso por separado, sino que debe ser una actitud que demuestres en cada parte del proceso de prospección. Recuerda, la forma en que tratas al cliente que te dio el referido determinará si obtienes o no más referidos de otras personas. Ten presente que tratando a los demás como te enseñó tu madre, los tratarás bien.

Los vendedores siempre me preguntan si deben compensar de alguna manera a quienes les brindan referidos. Como mínimo, deberías enviarles una nota manuscrita. Si incluyes un regalo o no, esa es tu decisión, según sea la costumbre en tu industria o la política de la empresa o del mercado competitivo, etc. Las variables son demasiado buenas para que digas y hagas lo que es correcto, pero en definitiva, no te equivocarás al mostrarles a tus clientes algo de aprecio.

Celebra con los mejores

Utiliza los aniversarios como una excelente manera de obtener nuevos contactos. Este es un método que los planificadores financieros y los agentes de seguros utilizan muy bien y del cual opino que funciona en todas las industrias. El proceso es simple: usa la fecha de cuando el cliente comenzó a trabajar contigo como aniversario —como una razón para llamarlo y agradecerle por su negocio y también para seguirle solicitando referencias.

Hace unos años, estaba haciendo una consultoría con un banco regional y un enfoque que implementamos fue llamar a los clientes cada seis meses, tanto desde el punto de vista comercial del negocio como personal. El objetivo de la convocatoria era obtener referencias por primera vez, pero también le permitía al banco recopilar comentarios sobre sus servicios, así como vender productos y servicios adicionales. Los resultados fueron mejores que con cualquier otra iniciativa de ventas. El banco ganó de tres formas. En primer lugar, recibiendo referidos. En segundo lugar, porque muchas veces las conversaciones con los clientes le permitieron al banco brindarles productos adicionales. En tercer lugar, porque hubo ocasiones en que el banco logró llegar a clientes que no estaban satisfechos con el servicio que recibían, aunque no creyeran que fuera tan malo como para ponerse en contacto con servicio al cliente. Es bastante probable que estos clientes insatisfechos no hubieran sido detectados y se habrían mudado a otro banco si el banco no hubiera implementado un método para llamar a los clientes actuales para obtener referidos. Una vez que ellos manifestaron los problemas que estaban afrontando, esto le dio al banco la oportunidad de abordarlos y solucionarlos, evitando así que los clientes le llevaran su negocio a la competencia.

Pide, pide, pide y vuelve a pedir

Este es un enfoque que he tenido el privilegio de implementar en un gran número de empresas en numerosas industrias, tanto de B2B como de B2C. Cada vez que lo presenté por primera vez, me encontré con el escepticismo de la gente, pero sin lugar a dudas, cada compañía que lo ha utilizado ha aumentado en gran manera su número de referidos y clientes potenciales.

No es un enfoque difícil. El requisito primordial es separar un espacio en el calendario con la suficiente antelación para garantizar que haya tiempo para implementarlo. Es una especie de bombardeo. Te comunicas con cada uno de tus clientes existentes durante tres momentos específicos del año. Cada contacto que hagas debe ser por una razón diferente. Es algo así:

Febrero/marzo: Solicitudes de recomendación

Julio/agosto: Comentarios de clientes

Noviembre/diciembre: Agradecimientos

En febrero o marzo, comunícate con todas tus cuentas y simplemente di: "Aquí en_____, estamos teniendo una campaña de referidos y me estoy comunicando con todas y cada una de mis cuentas para solicitarles nombres de otras posibles personas con quienes podría hablar de nuestros servicios y productos". El enfoque es sencillo y funciona bastante bien. Cuando les dices por adelantado a los clientes lo que quieres como vendedor, a menudo, ellos se muestran más agradecidos y serviciales que si te vas por las ramas para pedir algo.

La próxima ronda de "pide, pide, pide y vuelve a pedir" deberá ser en julio o agosto. Esta vez, cuando contactas a cada uno de tus clientes, te enfocas en agradecerles por su negocio y en preguntarles sobre el nivel del servicio al cliente de tu compañía. Tu objetivo aquí es hacer que ellos se den cuenta de la calidad que les proporcionas y procurar que hablen al respecto. Después de darles las gracias por sus comentarios, pregúnteles los nombres de otras personas o empresas que se beneficiarían de ese mismo servicio.

Tu última ronda de "pide, pide, pide y vuelve a pedir" ocurre entre noviembre y diciembre. De nuevo, contactas a cada cliente. Esta vez, el objetivo es hacer conexión con ellos y desearles lo mejor para sus vacaciones (dependiendo de cuándo los llames). Muchas veces, las llamadas durante esta época del año se vuelven más personales y conversacionales, ya que la gente tiende a estar más relajada. No olvides utilizar las llamadas en esta época del año para conocer los planes de tus clientes para el próximo año. Recuerda que además esta es una oportunidad para solicitarle a la persona con la que estás hablando algunos nombres de empresas y personas que también podrían beneficiarse de lo que ofreces.

Es esencial mantener tu fuente de contactos llena. Y más importante que mantenerla llena es mantenerla con contactos, posibles clientes y clientes de alto potencial. Esta es la razón por la cual me gusta acudir a los clientes existentes en busca de clientes potenciales. Pedir referencias es una de las formas más eficientes de ganar nuevos clientes. Nunca dejes de creer en lo que haces, ni en los beneficios que les brindas a tus clientes. ¿Por qué alguien habría de darte una referencia si sintiera que tú no crees en lo que estás vendiendo? Al mismo tiempo, una de las mejores maneras de incrementar tu confianza en ti mismo es logrando que el cliente te dé referidos con los cuales comunicarte.

Cuando se trata de referidos, mi objetivo personal es obtener, por lo menos, un nuevo cliente potencial de cada cliente existente. ¿Mantiene esto llena mi fuente de referidos? No, pero me da más de los que tendría de otra manera.

CAPÍTULO 17

El valor y las trampas de las redes sociales

S i te dedicas a escuchar las noticias, escucharás que las redes sociales se están apoderando del mundo. Es ineludible, admitámoslo, todos hemos visto más de un video "estúpido que termina siendo pésimo y a la vez viral".

Siguen sorprendiéndome los millones de visitas que este tipo de videos acumula en tan solo unos días. También me asombra la gran cantidad de formas en que las personas usan las redes sociales para ganarse la vida. Todo esto me lleva a preguntarme ¿qué es lo que hace que ciertos contenidos tengan tan enorme éxito en internet, mientras que la mayoría de lo que la gente publica se desvanece y no se vuelve a ver? Responderé esta pregunta haciendo dos preguntas más:

- ▶ ¿Construirías una casa en un terreno que no es tuyo?

- ▶ ¿La construirías en un terreno que rentaste y cuyo propietario podría cambiar los términos del contrato en cualquier momento?

¿Cuáles son tus respuestas? Sospecho que contestarías "no" a ambas preguntas. No hay forma de que construyas una casa en un terreno que no posees, ni en donde los términos del contrato pudieran cambiar en cualquier momento. Dudo que lo harías en cualquiera de estos dos casos. Sin embargo, esto es justo lo que la gente hace cuando afirma que está usando sitios en las redes sociales para desarrollar prospectos y clientes estables.

Cualquiera que haya usado estos sitios durante algún tiempo ha visto que sus propietarios cambian las reglas de juego en cualquier momento. Lo que hace frustrante este hecho es que tienden a *no* ser propietarios corteses que te los informan por adelantado para que puedas prepararte. Facebook es un gran ejemplo. Durante años, conocí a varios vendedores exitosos, en particular, en el área de B2C, que generaron un gran tráfico en sus páginas de negocios de Facebook sin costo alguno. Publicaban artículos, fotos y otros fragmentos de información de manera confiable y, a los pocos minutos de haberlos lanzado, comenzaban a recibir infinidad de "me gusta" y comentarios que pronto se traducirían en clientes potenciales y ventas. Ese era un mundo maravilloso para los que se movían en este campo, ya que obtenían ventas de manera consistente con el simple hecho de repetir el proceso una y otra vez.

Luego, sin previo aviso, las reglas de Facebook cambiaron y la cantidad de usuarios que recibían actualizaciones se redujo en forma drástica. No pasó mucho tiempo para que comenzaran a surgir dificultades y las empresas se dieron cuenta que, si querían tener más visibilidad en Facebook, tendrían que pagar por la publicidad. ¿Sería que no reconocimos que era de esperarse que Facebook aumentaría sus ingresos cuando se convirtiera en una empresa que cotiza en Bolsa? Facebook cambió las reglas y, debido a que jugábamos según ellas, ahora tendríamos que pagar —y pagar en grande.

Un punto importante que nunca debemos olvidar es que lo que un sitio en redes sociales nos permite hacer hoy, puede no permitírnoslo mañana, independientemente de lo que pensemos al respecto o de lo firmes que nos mantengamos cuando las reglas cambian. ¿Estoy diciendo con esto que estos sitios no son donde debemos pasar nuestro tiempo? No, las redes sociales son una gran herramienta de prospección, pero donde discrepo con la mayoría de la gente es en que creo que son solo una herramienta de prospección, no la *única*.

Quizás, optes por no usarlos para prospectar, pero eso no significa que debas ignorarlos. Como quiera que sea, el título de este libro es *Prospectos de alta calidad* y mi intención es mostrarte cómo encontrar a los mejores prospectos para que, a su vez, se conviertan en tus mejores clientes. Además, si deseas mejores clientes, necesitas ser un mejor vendedor. Eso significa ser mejor que tu competencia usando todas las vías posibles para así aumentar la confianza de ellos en tu trabajo.

Los sitios de las redes sociales (y en realidad, toda la red de internet) nos permiten crear un rastro digital al que cualquiera pueda acceder 24/7. Es importante que tengas en cuenta que tu perfil y actividad en ellos son recogidos por los motores de búsqueda y que, para la mayoría de las personas, estos sitios aparecerán como los lugares más efectivos en el momento de hacer una búsqueda de tu nombre en la red. Esta es la forma más fácil para generar confianza en tus clientes actuales y potenciales, e incluso para generar contactos. Una premisa clave que no podemos olvidar es que, cuanto mayor es el nivel de confianza que el cliente tiene en nosotros, más probabilidades tenemos de cerrar una venta rentable.

¿Por qué crees que se llama "social"?

El mayor desafío con las redes sociales es que tienen demasiado despliegue en lo "social" y, como resultado, tienden a convertirse en una forma de consumir gran cantidad de tiempo. Eso, me enferma. Las redes sociales no son más que un evento virtual en red las 24/7. ¿Has asistido a eventos de redes organizados por una entidad local o un grupo empresarial en tu comunidad? En los primeros días de mi negocio de consultoría asistí a muchos pensando que serían una excelente manera de desarrollar negocios locales. ¡Falso! Lo que descubrí casi de inmediato fue que en estos eventos la audiencia siempre tiende a ser la misma. No solo se trata de que sea la misma gente, sino de que la gran mayoría proviene de las mismas profesiones: seguros, planificación financiera, bienes raíces, contabilidad y banca.

Esa es la razón por la que relaciono las redes sociales con los eventos de redes en vivo, porque muchas veces, la audiencia termina siendo casi la misma de un evento a otro. No es que diga que la repetición no sea, ciertamente, un factor positivo, ya que lo considero como uno de los más importantes en la implementación y el éxito de los programas de prospección. El problema es que, con el fin de llegar a marcar una diferencia, se requiere de mucho tiempo para crear presencia en la red. Esto, combinado con el tiempo que suele llevarles a los prospectos apreciar el valor de lo que les ofreces, hace evidente el hecho de que demasiadas horas, días, semanas y meses en el proceso podrían llegar a convertirse en un mal uso del tiempo.

Estoy seguro de que hay muchas personas que no estarán de acuerdo con mis opiniones, pero mi gran preocupación es el tiempo. Este es el único activo que es limitado en los negocios, sobre todo, si se trata de *tu* tiempo. Pasar horas al día en las redes sociales te dará cierto ánimo al ver la cantidad de "me gusta", seguidores y conexiones que obtienes, pero estos tienen poco valor si no se convierten en clientes. Uno de los peores errores que podemos cometer en cuanto a este tema es creer que todos nuestros contactos de las redes sociales son clientes potenciales que esperan convertirse en nuestros prospectos y, en última instancia, en clientes. Soy optimista y siempre quiero ver el mejor lado de las cosas, pero enfrentemos la realidad y aceptemos el hecho de que muchos de nuestros contactos tienen cero potencial de serlo alguna vez.

Hace poco, tuve una conversación telefónica con el propietario de un negocio; lo conozco a través de un trabajo que hicimos hace varios años con una asociación comercial. El caso es que él decidió cambiar de administración y adoptar las redes sociales al 100% como su forma de aumentar la clientela y crear flujos de ingresos adicionales. Recuerdo que escuché que el grupo que conformó estaba teniendo buena acogida; sin embargo, me dije para mis adentros que era muy probable que el asunto no fuera tan bien como decían.

Mi conversación con él no hizo otra cosa que confirmar mi presentimiento. Había agotado sus reservas sin lograr ninguno de los objetivos que se había propuesto cumplir. Si hubieras visto su presencia en las redes sociales, habrías pensado que el negocio estaba teniendo enorme éxito. Estaba publicando una gran cantidad de contenido de calidad y, según todas las apariencias, le estaba yendo muy bien en las redes sociales. El hecho es que, aunque todo parecía estar funcionándole como lo deseaba, el propietario fracasó al no lograr convertir tanta publicidad en ingresos. ¡No es posible alimentarte de clics y "me gusta"!

¿Quieres decir que no puedo pasarme todo el día en las redes sociales?

Las redes sociales son como una máquina de succión gigante que te absorbe poco a poco y antes de que te des cuenta estuviste horas y horas conectado en línea. Me dirás una y otra vez que lo que estás haciendo es prospectar o recopilando información de clientes potenciales, pero yo te diré que lo que estás haciendo es mantenerte ocupado. ¿Pero estás ocupado haciendo lo más conveniente y rentable? La pregunta que me encanta hacerles a los vendedores es: "Si no tuvieras ingresos y necesitaras cerrar una venta rápida para poner comida sobre tu mesa, ¿en qué actividad invertirías tu tiempo?".

Sí, necesitas una estrategia

Pregúntate: "¿Tengo una estrategia para manejar las redes sociales?". La mayoría de la gente en el campo de las ventas no tiene ninguna y he visto que, incluso quienes sí la tienen, en el mejor de los casos, no es más que un plan vago. Una de las peores cosas que podemos hacer es asumir que la forma en que usamos las redes sociales en nuestra vida personal es la misma forma en que debemos usarlas en nuestra vida profesional. Además, muchos vendedores hacen un enorme énfasis en Facebook o Instagram y muy poco en LinkedIn, sobre todo, quienes trabajan de B2C.

Ahora viene una pregunta que es muy común: "¿Necesito gastar dinero para ejecutar mi plan de prospectar y vender en las redes sociales?". La respuesta es "sí" y "no". No necesitas gastar nada para desarrollarlas y utilizarlas como una de tus herramientas de prospección. Lo único en lo que yo gasto dinero es en comprar un nivel más alto de servicio de LinkedIn porque me permite ver quién ha visto mi perfil y enviar más mensajes por más tiempo. Aunque me gustan estas ventajas, no puedo decir que sea algo sin lo cual no podría vivir. La razón por la que comparto esto es porque demasiados vendedores se lanzan a comprar todos los servicios y programas de las redes sociales que puedan. Me parece que estos programas son muy parecidos a los equipos de acondicionamiento físico. Mucha gente los compra, pero poca gente los usa.

Este suele ser el argumento para comprar servicios actualizados y otros programas: si estás buscando crear conciencia y escalar de manera significativa, entonces usar los programas y comprar la colocación de anuncios es, sin lugar a duda, el camino correcto. Sin embargo, no voy a desarrollar productos y servicios específicos en este libro porque hay muchos y están en constante cambio. Ten cuidado y haz tu propia investigación a este respecto.

Ahora, no tomarte el tiempo para responder en detalle las siguientes preguntas sobre tu estrategia en las redes sociales solo te creará más problemas. Es fácil pensar que como sabes lo que otros emprendedores han hecho para tener éxito, todo lo que necesitas es hacer lo mismo. Esa es una locura. Internet es demasiado descomunal como para permitir que dos soñadores obtengan los mismos sueños.

Basado en mi propia experiencia, te diré que es imposible duplicar el plan de otro. Lo sé porque lo intenté no una, ni dos, sino varias veces, y cada vez que lo hice, lo único que sucedió fue que desperdicié demasiado tiempo y recursos. Del mismo modo, otros han tratado de copiar mis éxitos solo para encontrarse de frente con el fracaso. Internet cambia todos los días y, por eso, hagas lo que hagas, debes hacerlo con escepticismo. Ten presente que las reglas del juego podrían cambiar en cualquier momento. ¿Recuerdas que al comienzo de este capítulo hice un comentario sobre lo que representaría construir una casa en un terreno que no posees? Bueno, basta de charla. Con eso en mente, echémosles un vistazo más profundo a las siguientes preguntas.

Definiendo tu estrategia respecto a las redes sociales

¿Por qué quiero usar los sitios de las redes sociales?

- ¿Estoy buscando generar clientes potenciales o permanecer en contacto con mis clientes actuales?

- ¿Cuánto tiempo y esfuerzo dedicaré a construir mi perfil y a monitorear mi presencia en las redes?

- ¿Lo que vendo requiere que mi mercado se eduque o será que mis contactos ya están familiarizados con estos productos y servicios?

En la actualidad, ¿qué dice mi perfil sobre mí en las redes sociales?

- ¿Debo hacer cambios en cuanto a la forma en que estoy usando las redes sociales?

- ¿Tengo conexiones y relaciones en las redes sociales que podrían comprometer mi capacidad para usar este medio como una herramienta comercial?

- ¿Soy el único dueño de mi nombre? ¿Hay otros en internet con el mismo nombre y lo que están haciendo me pone en riesgo?

¿Cuáles son las políticas con respecto a las redes sociales? ¿Qué puedo hacer?

- ¿Qué tan firmes son las políticas empresariales al respecto y hay alguien con quien debería hablar sobre esto?

- ¿Qué hacen con las redes sociales los compañeros de la empresa que también ocupan mi posición?

- ¿Qué recursos ya están a mi disposición y podría aprovechar desde mi propio sitio web o desde el de mi empresa?

- ¿Qué elementos del sitio web de mi empresa puedo usar a mi favor en las redes sociales?

- ¿Mi empresa ya tiene páginas de redes sociales que yo debo aprovechar?

¿Cuál es la línea del tiempo en la que estoy trabajando para desarrollar mi presencia en las redes sociales?

- ¿Cuánto tiempo estoy dispuesto a esperar hasta ver el resultado de mis esfuerzos? (Por lo general, sea cual sea el tiempo que creas que te tomará, prepárate para que sea el doble o el triple de tiempo).

¿Cuál es mi plan para obtener clientes potenciales y cómo les responderé?

- ¿Les responderé a mis clientes potenciales a través de las redes sociales o intentaré conectarme con ellos por correo electrónico o por teléfono?

- ¿Cómo ingresaré las respuestas en mi sistema de CRM para asegurarme de hacer un seguimiento adecuado?

¿Qué sitios en la red es más probable que mis prospectos y clientes estén usando?

- (Limita la cantidad de sitios de redes sociales en los que te encuentras. Es mejor tener una presencia sólida en un sitio que tan solo existir en tres).

¿Cuánto esfuerzo me tomará crear una presencia lo suficientemente visible en este sitio?

- ¿Puedo hacer esto los fines de semana y en las noches, durante mis horas de no venta?

- ¿Hay otras actividades que tendré que eliminar de mi calendario con el fin de tener el tiempo suficiente para manejar los medios sociales correctamente?

¿Cuáles son las herramientas que tengo a mi disposición para automatizar mi trabajo en las redes sociales?

- ¿Dónde puedo encontrar las herramientas adecuadas y qué se necesita para que funcionen correctamente?

¿Existe una manera de medir con precisión el retorno de la inversión con relación a mis esfuerzos en las redes sociales?

- ¿Estoy segmentando mis contactos de manera efectiva para saber cómo los estoy obteniendo?

- ¿Tengo una forma de registrar en mis sistemas de CRM los contactos que obtengo a través de las redes sociales?

¿Qué parámetros legales debo tener en cuenta debido a la profesión o a la industria en la que estoy trabajando?

- ¿Existen restricciones con respecto a la configuración de mi perfil y a lo que puedo decir?

- ¿Existen restricciones relacionadas con lo que puedo hacer y con quién puedo interactuar?

¿Debo hacer mejor uso de mi tiempo?

- ¿En qué otras actividades no estoy invirtiendo el tiempo suficiente ahora que cuento con más tiempo libre para ser más productivo al prospectar?

En la actualidad, ¿cómo se usan las redes sociales en mi industria?

- ¿Quién las usa bien y por qué pienso eso? ¿Qué pruebas tengo para afirmarlo?

- ¿Está mi industria adelantada o retrasada en cuanto al uso de las redes sociales y por qué?

No te apresures al contestar estas preguntas. Piensa que lo que te tomes para contestarlas será una gran inversión, pues te ayudará a ahorrar tiempo en las redes sociales.

Es una pendiente resbaladiza

Responder el "cómo" y el "cuándo" de este asunto es como tratar de ascender por una pendiente resbaladiza. Recuerdo demasiado bien la primera vez que surgió esta discusión. En 2004, me encontraba en la conferencia anual de National Speakers Association, haciendo parte de una sesión de grupo que debatía sobre las redes sociales y su papel en los negocios. ¡Fue un debate animado! Había más de 100 asistentes y todos estaban enfocados en los mercados B2B y B2C. Muchos se sorprendían —y me incluyo en ese grupo— al escuchar participantes que afirmaban que era necesario pasar 15 minutos al día en las redes sociales. Para mí, 15 minutos eran 14 minutos demasiado largos. Hoy, ronda la idea de que 15 minutos en las redes sociales son muy poco tiempo. Muchos afirman que la norma debería ser un mínimo de más o menos 90 minutos diarios. ¡Para mí, ese es demasiado tiempo! Esto me lleva a preguntarme cuál será la norma en cinco años.

No estoy compartiendo esto para afirmar que necesitas pasar más tiempo en las redes sociales. No, soy un gran defensor de emplear el menor tiempo posible en ellas, pues he llegado a la conclusión de que no las veo como la solución perfecta. Son *una* herramienta para prospectar y, de ninguna manera, son la herramienta principal. En todo caso, ¡el tiempo que les dediques no debe ser el mismo tiempo que tendrías que estar invirtiendo en actividades de prospección más productivas!

No me digas que el tiempo que pasas allí es la forma más efectiva de prospectar. No estoy de acuerdo, ni apoyo esa opinión. Sí, puedes prospectar en las redes sociales (dediqué el siguiente capítulo exclusivamente a este tema), pero no estoy de acuerdo por dos razones. La primera, porque todos las redes sociales están llenas de distracciones que te alejarán de realizar un trabajo más productivo. La segunda, porque la mayor parte de la actividad en ellas no sucede en el momento. Es decir, no estás publicando artículos allí y sosteniendo al mismo tiempo una discusión con un cliente potencial o prospecto. Claro, hay excepciones, pero en general, la mayoría de la gente no vive conectada a estos sitios esperando a que te conectes con ellos.

Para comenzar, la cantidad de tiempo que pasas en las redes debería ser de una hora por semana y cualquier tiempo de demás deberías ganártelo. Lo digo en serio —si no estableces límites firmes, te garantizo que sufrirás de lo que me gusta denominar como "la enfermedad de las redes sociales"—. Me refiero a la tendencia a dedicarles a las redes más y más tiempo cada día o cada semana sin darte cuenta de que estás sustrayendo la mayor parte de ese tiempo de otras actividades que necesitas realizar.

Abogo por dividir esta actividad en tres segmentos de 20 minutos por semana: dos durante los días de la semana y el tercero en algún momento del fin de semana. Dividiendo esas visitas a las redes en tres sesiones semanales tendrás tiempo más que suficiente para conectarte, publicar, comentar y compartir. ¡Lo que no lograrás es el tiempo suficiente para navegar y ver estúpidos videos de gatos! A menos que pertenezcas al mercado de los gatos, malgastar tu tiempo en ellos no pondrá comida en tu mesa.

Precaución:
¡Lo que publiques será usado en tu contra!

Con respecto a qué publicar, la respuesta es: "¡Sé prudente!". Nunca deja de sorprenderme cómo la gente publica fotos con subtítulos de apariencia divertida, pero que a la vez resultan bastante insultantes. Publicar un comentario o una foto de una ciudad en la que te encuentras de paso debido a un viaje de negocios y atreverte a comentar lo aburrida que es, tal vez, le resulte divertido a la gente de tu ciudad natal, pero no te ayudará a ganar ningún amigo o cliente en ese lugar. No creas que podrás mantener tu página de Facebook y tu cuenta de Instagram separadas de tu negocio. Lo siento, pero esa idea murió con la intercomunicación de las redes.

El caso es que existe la posibilidad de manejar tus cuentas de las redes sociales con diferentes propósitos. Te contaré cómo uso las mías. Primero, mi negocio consiste en ayudar a empresas y vendedores a encontrar y retener a los mejores clientes para que puedan hacer más y más negocios y a los mejores precios. Todo esto lo hago más que todo a través de mis conferencias, escribiendo y publicando y haciendo capacitaciones y consultorías. Mi público objetivo son las empresas y asociaciones B2B y mis compradores son de nivel medio y superior. Como te imaginarás, mi sitio de las redes sociales #1 es LinkedIn. Los otros sitios que utilizo son Twitter y Facebook. Sí, tengo cuentas en YouTube, Pinterest e Instagram, pero no hago mucho en ellas, simplemente, por el limitado retorno de la inversión de mi tiempo.

Si estás en B2C, tus sitios principales podrían ser Facebook, Instagram y Pinterest. Un riesgo es estereotipar los sitios. Muchos ven a Pinterest como un sitio esencial en todo lo relacionado con la moda, el diseño, la comida y la artesanía. Sin embargo, no se lo digas a *Harvard Business Review*, que tiene gran presencia en Pinterest y la utiliza para desarrollar nuevos lectores y llegar a gente que no está familiarizada con su producto.

Es imposible colocar en un solo libro todo lo que debes hacer en cada sitio de las redes sociales, por no decir que en un solo capítulo. A continuación, te mostraré lo que puedes hacer en unos pocos sitios seleccionados para generar clientes potenciales y en el siguiente capítulo analizaré con mayor profundidad algunas estrategias de prospección con las redes sociales. Una gran nota de precaución: nunca permitas que estos sitios te envíen a tu correo electrónico actualizaciones y notificaciones. Lo último que deseas es que las actualizaciones y alertas se apoderen de tu bandeja de entrada; seamos realistas, la mayoría de estos mensajes es innecesaria.

LinkedIn

Si tienes tu propia empresa, crea por separado una cuenta personal y otra cuenta para tu empresa. La mejor manera de construir tu perfil es siguiendo el modelo de otros expertos en tu campo. Tengo varios compañeros cuyos perfiles visito cada seis meses para asegurarme de que lo que estoy haciendo es nuevo y relevante. También tomo nota de los grupos a los que ellos pertenecen. Con esto no busco copiar al pie de la letra todo lo que ellos hagan; solo es una manera de juzgar el valor de lo que estoy haciendo.

Tener un perfil tan sólido como sea posible es esencial. La mayoría de la gente parece no darse cuenta de que, en esencia, LinkedIn es un motor de búsqueda gigantesco. ¿Alguna vez te has preguntado por qué ciertas personas han visto tu perfil? Porque lo más probable es que tu nombre haya aparecido en una búsqueda de LinkedIn o, ampliando aún más, en una búsqueda de Google o Bing. LinkedIn se ha establecido con tal alto nivel de credibilidad en internet, que las búsquedas que involucran el nombre de una persona muchas veces conducirán a su página de perfil de LinkedIn, tomándola como uno de los elementos de búsqueda principales.

Los grupos son una parte clave de tu perfil de LinkedIn y creo en unirme a tantos grupos como sea posible. Hay quienes dicen que esto no tiene sentido, pero mi argumento es que necesito tener una presencia en la web tan grande como sea posible. Únete a grupos que cumplan los siguientes criterios:

► Grupos comerciales o de la industria donde los contactos y prospectos sean sus miembros.

► Empresas locales o grupos comerciales.

► Grupos académicos que representen a las escuelas a las que asististes o con las cuales tengas conexiones.

► Grupos de compañeros formados por gente de la que tengas mucho que aprender.

Si limitas los contactos que aceptas, nunca lograrás maximizar tu cuenta de LinkedIn para obtener prospectos. La clave con LinkedIn (como con cualquier otro sitio de las redes sociales) es crear conciencia y eso significa tener la mayor cantidad posible de contactos en tu red. Cuantas más personas estén conectadas contigo, mayor será la cantidad de gente que verá tu perfil completo y tus actualizaciones y, en última instancia, tendrás más oportunidades para generar clientes potenciales. Kurt Shaver, experto en ventas de LinkedIn y creador de Social Selling Boot Camp, lo resumió bien cuando afirmó: "LinkedIn, con todas sus capacidades de intercambio, le permite a quien esté en el campo de las ventas ser un minivendedor y atraer prospectos".

Sí, hay algunas solicitudes de contactos que debes rechazar y cada quien necesita definir su criterio propio en cuanto a esto; el mío es rechazar cualquier invitación que no incluya una imagen de perfil, que tenga mala gramática o que se trate de alguien con intenciones no muy claras. Bien puedes continuar con las reglas de la vieja escuela y conectarte solo con personas a las que ya conozcas, pero piensa que, de esa manera, tus competidores te agradecerán por hacerles las cosas mucho más fáciles. Tu tiempo total para revisar y aceptar contactos no debe ser de más de cinco minutos por semana.

Algo a tener en cuenta es publicar y comentar sobre el contenido. Mi punto de vista es mantener las cosas simples. Personalmente, lo que hago es volver a publicar en LinkedIn los artículos que publico en el sitio web de mi empresa. También publico artículos clave que haya visto en un sitio de noticias y que crea que les será de interés y valor a quienes me siguen. El tiempo total para hacer esto es de unos 10 minutos por semana. Publicar contenido es muy importante porque contribuye a que otros te conozcan y sepan lo que estás pensando. A lo mejor, no tengas publicaciones de blog de tu empresa que puedas publicar en LinkedIn, pero sí podrías publicar varios artículos de noticias clave por semana.

La mayor parte de mi tiempo en LinkedIn lo uso respondiéndoles a quienes comentan sobre lo que he publicado o que hacen comentarios rápidos sobre otros aspectos que creo que ameritan una respuesta. Como máximo, esta actividad me toma unos 20 minutos por semana. Además, suelo agradecerles a quienes participan y hacen comentarios, ya que así es como se genera comunidad y, como explicaré en el próximo capítulo, estos intercambios me han servido para encontrar importantes oportunidades de negocios.

Facebook

El enfoque que manejo con LinkedIn es el mismo que utilizo tanto con mi página personal como con mi página de negocios de Facebook. También aplico las mismas reglas con los contactos, aunque soy un poco más estricto en mi página personal, pues en ocasiones, publico fotos de mi familia. Debido a la cantidad de contactos comerciales que tengo en mi cuenta personal, también allí publico contenido empresarial, pues veo que estar en contacto con socios comerciales, incluidos clientes, es una excelente manera no solo de mantenerme conectado, sino también actualizado en lo que está sucediendo en sus vidas. No, esto no es nada espeluznante. No estoy forzando la conexión con nadie, pero lo que sí he notado es que tener conexión con socios comerciales y clientes nos ha permitido conocernos mejor, lo cual ha fortalecido nuestras relaciones comerciales.

Cada semana, paso un total de cinco minutos en Facebook por cuestiones de negocios. Ten en cuenta que estoy diciendo que cada semana "por cuestiones de negocios", ya que la mayoría de mi tiempo en Facebook es personal y no tiene nada que ver con nada comercial.

Twitter

Twitter es el sitio de las redes sociales que confunde a la mayoría de la gente. A menos que estés en una industria que valore Twitter o pertenezcas a un grupo de personas que lo utilicen, creo que es prudente andar con cautela. Debido a que tiene un gran volumen de publicaciones breves e instantáneas, es realmente atrayente y, en menos de lo que te des cuenta, habrás perdido horas que bien podrías utilizar prospectando y haciendo ventas.

La tecnología, los nuevos negocios y muchas empresas de consumo utilizan Twitter extensivamente, pero conozco muchas otras industrias en las que Twitter no es relevante. Así como algunos sectores lo utilizan con tanta frecuencia, otros sectores lo ignoran. Es por eso que no soporto cuando la gente proclama lo poderoso que es Twitter como herramienta de negocios. Es poderoso si eres parte de una industria que lo usa. He ganado varios negocios interesantes gracia a Twitter, pero todo ha sido en el sector de la tecnología o con empresas que apenas comienzan. Al igual que con otros sitios, la clave de Twitter es crear tu perfil de tal manera que te represente lo mejor posible. Una de las mejores formas de lograrlo es viendo cómo lo hacen tus colegas y amigos.

No te dejes atrapar por la máquina del tiempo de Twitter. Revísalo dos veces por semana. Usando una herramienta como Hootsuite, puedes cargar uno o dos Tweets originales, encontrar un par de Tweets que te gusten y retuitearlos y terminar ahí tu actividad para luego retomarla hasta la próxima semana. Una forma fácil de encontrar Tweets para retuitear es siguiendo a cinco personas que te parezcan realmente interesantes y que tuiteen cosas de gran contenido y relevancia. Tómate un minuto para ver sus Tweets y lo más probable es que encuentres un par que te gusten y quieras compartir.

Sí, puedes profundizar mucho más en la forma de aprovechar Twitter, pero la exhortación que te hago es que cada minuto que le dediques a Twitter es un minuto que sería más lucrativo si se lo dedicaras a otra actividad.

El circo continúa

Hay otros sitios de las redes sociales que podría enumerar y a los cuales referirme, pero creo que ya entiendes el punto. Este es un circo que trata de mantenernos al día. Pero cuidado, no hagas nada a menos que se ajuste a tu mercado objetivo y obtengas beneficios por tus esfuerzos siempre y cuando esos beneficios no sean hasta dentro de cinco o diez años. Si no comienzas a ver los resultados en seis meses, modifica tu plan. Si después de un año, todavía no ves resultados, es hora de respirar profundo y examinar tus estrategias de prospección. Sin embargo, no abandones por completo lo que hayas estado haciendo (ya que internet continúa evolucionando y lo que hoy no funciona podría funcionar al mes siguiente), pero revisa dónde y cómo estás invirtiendo tus recursos. Por último, escribí esto justo antes del capítulo sobre cómo prospectar a través de las redes sociales por esta simple razón: si esperas usar las redes sociales para encontrar prospectos, primero debes tener una plataforma desde la cual hacerlo.

Cómo prospectar a través de las redes sociales

Para escribir este libro, durante mi trabajo de campo e investigación, y hablando con el personal de ventas sobre áreas problemáticas del proceso de ventas, muchos me preguntaron sobre cómo prospectar utilizando las redes sociales. Vendedores de grandes y pequeñas empresas se apresuraron a describirme los diversos intentos que han hecho para prospectar en ellas sin obtener mayor éxito. Muchos me compartieron historias sobre sus compras de programas a los llamados "expertos en las redes sociales" solo para descubrir que no les sirvieron en absoluto. Los gerentes de ventas también se animaron a expresarme sus frustraciones con los departamentos de mercadeo que suelen tomar dinero de los presupuestos de ventas para gastarlo impulsando contenidos en las redes sociales y comprando likes con el fin de generar allí clientes potenciales.

Los "expertos" no son expertos

Con toda esta confusión, siento que es hora de adentrarse en el lodo y cuestionar a todos esos "expertos" que afirman que al usar sus métodos tú también tendrás éxito en la búsqueda de información en internet. La cantidad de cursos que hay por ahí afirmando conocer los secretos para prospectar en LinkedIn, Facebook y otros sitios enloquece a cualquiera. Yo lucho con estos "expertos" y te diré por qué: todos afirman que usando sus metodologías alcanzarás el éxito cuando en realidad lo que están vendiendo es ilusorio. Con suficiente publicidad (y, por cierto, a través de correos electrónicos fríos), tú también podrías tener éxito vendiendo ilusiones. Pero espera, hay más, como dirían. En cuanto a nosotros, estamos vendiendo un producto y un servicio real, capaz de generar un beneficio o resultado tangible para el cliente.

Vamos al punto. Las redes sociales funcionan como una herramienta de prospección. Te permiten conectarte con una gran cantidad de personas a las que nunca podrías llegar por correo electrónico, ni por teléfono. Las redes sociales están cambiando la forma en que prospectamos, así como el teléfono cambió la manera en que los vendedores prospectaban cuando este entró en escena. Los sitios de internet y las redes sociales también están cambiando la publicidad —de la misma manera que lo hizo la televisión cuando llegó a su mayoría de edad en las décadas de 1950 y 1960—. Así las cosas, cuando comienzas a ver el internet como una transición más en la forma de conectarte con los clientes, estás listo para comenzar a usarlo de manera efectiva.

No sería justo que te dijera que lo que voy a compartir te funcionará a la perfección. Si hiciera esa afirmación, no sería diferente a los "expertos" que acabo de mencionar. Sin embargo, con este descargo de responsabilidad, no pienses que lo que expondré no es relevante. ¡Lo es! La estrategia que estoy a punto de proponer te traerá resultados; la única pregunta es: ¿qué nivel de resultados? La cantidad de negocios que he recibido prospectando a lo largo de los años en las redes sociales es significativa y no había manera de haberlos hecho sin ellas. Mi éxito en las redes debería cuestionar a cualquiera que piense que estas no ofrecen negocios adicionales.

Ahora, antes de siquiera pensar en usar las redes sociales para prospectar, primero asegúrate de poner en práctica las técnicas que presenté en el capítulo anterior. Todo se reduce a un simple hecho: cuanto más grande sea la presencia que hagas en las redes sociales, más oportunidades tendrás de prospectar. Y no solo eso, sino que también les brindarás a los prospectos más pruebas tangibles de tu credibilidad. Ten la certeza de que todo contacto que prospectes a través de las redes revisará tu perfil antes de dialogar contigo. La prospección de alto beneficio consiste en saber cómo crear un alto nivel de confianza de tus prospectos en ti y gran parte de la estrategia suele ser la clase de huella que dejas en las redes sociales.

Tu tiempo no es el mismo tiempo de los demás

En el capítulo anterior, te propuse que limitaras tu tiempo a una hora por semana en las redes sociales. Sin embargo, si eliges utilizarlas como una herramienta de prospección, deberás dedicarles más tiempo. Mi pauta es que sigas pasando una hora por semana en el mantenimiento de tus cuentas en las redes en que haces presencia, y que el resto de horas que estés conectado sea parte de tu tiempo de prospección de menor valor. Digo menor valor porque no deberías conectarte durante aquellas horas en las que tendrías que estar prospectando por teléfono. Te recomiendo que dediques un bloque de tiempo para prospectar y desarrollar clientes potenciales a través del correo electrónico y otro en las redes sociales.

Es importante que nunca pierdas de vista el hecho de que la gente no necesariamente responde de inmediato. Para nosotros en ventas es fácil pensar que, como nosotros estamos en sitios como LinkedIn, todo mundo lo está. La mayoría de usuarios que está activa en LinkedIn se clasifica en una de estas tres amplias categorías: vendedores, RR.HH. o personas en busca de empleo. Los administradores de nivel medio y otras personas con las que estás intentando conectarte tienden a consultar los sitios de redes sociales solo una vez a la semana o una vez al mes. Si tu objetivo es contactar a quienes conforman la C-Suite, lo más probable es que no los encuentres en las redes sociales. Esto no significa que las redes sociales no ingresan a la C-Suite; solo significa que, para conectarte a este nivel, necesitas utilizar una ruta a través de un administrador de nivel medio con el que estés conectado. Facebook, Twitter, Instagram, Pinterest y otros sitios de las redes sociales tienen diferentes destinatarios. Y sea cual sea tu enfoque y tu actitud hacia las redes, no esperes que tu prospecto tenga esa misma actitud al respecto.

Mi trabajo con los clientes es mostrarles cómo prospectar en las redes sociales usando tres enfoques diferentes:

1. Usando el diálogo directo para crear un contacto o prospecto. Por mucho, esta es la mejor forma de prospectar, ya que estás tratando de conocer al contacto que identificaste como posible prospecto.

2. A través de personas que puedan conectarte con quien estás tratando de alcanzar. Para muchos vendedores, esta es la única forma de llegar a los contactos que no están en las redes sociales. Con este enfoque, te estás contactando y dialogando con aquellos que sí tienen la posibilidad de conectarse con quien tú quieres contactar.

3. Respondiéndoles a quienes preguntan por ti. Aquí es cuando, mientras más grande sea la huella que dejas, ma-

yor será tu potencial para generar más oportunidades de hacer contactos, prospectos, clientes y negocios. Yo he tenido grandes oportunidades gracias a gente que me envía mensajes a través de LinkedIn y Twitter.

El primer y el tercer enfoque utilizan las mismas estrategias, pero es probable que con el segundo te tome mucho más tiempo llegar al prospecto, ya que el contacto es a través de otras personas.

Para mí, es sorprendente el hecho de que más vendedores no usen las redes sociales para prospectar. Solo puedo especular al respecto y preguntarme si será que ellos están muy desilusionados con este enfoque debido a los numerosos mensajes de mala calidad que habrán recibido de quienes prospectan a través de las redes sociales. Si así fuera, no hay por qué pensar por el simple hecho de que otros no, solo porque otros no sepan cómo hacerlo bien, esa no es una razón suficiente como para que tú no lo hagas como se debe hacer. Solo necesitas conocer el camino correcto.

Dando el primer paso

Encontrar posibles clientes potenciales comienza con el monitoreo de quién ve tu perfil. Les presto mucha atención a quiénes están visitando el mío y, si veo posibles clientes potenciales, me dirijo a ellos de inmediato. Algunos podrían decir que esta actitud es casi de acecho, pero yo insisto en lo que afirmo que escribí en este libro: si crees que lo que haces les ayudará a otros, entonces conéctate con ellos. La forma en que lo hago dependerá de lo que las reglas del sitio me permitan hacer. Mi forma preferida es enviándoles una solicitud de contacto y un mensaje dentro de la estructura del sitio para que participen en una conversación. Recuerda, quienes visitan tu perfil, lo hacen porque ven algo que les causa interés. A partir de ahí, tu trabajo es hacer el seguimiento necesario.

Si tienes acceso para ver el perfil completo de esos visitantes, es de extrema importancia que tomes nota de todo lo que veas, pues estás buscando temas en común con ellos, como los mismos contactos personales, profesionales o grupos de interés. En el capítulo anterior, hablé de la importancia de formar parte de grupos a los que pertenezcan tus contactos y prospectos. A menudo, los encontrarás visitando sus perfiles.

Es mejor mantener la que para mí es prospección directa a través de las redes sociales como la forma más adecuada de "socializar" durante la primera etapa. Rara vez, le enviaré una nota a alguien a través de las redes sociales con una solicitud directa para descubrir una necesidad comercial inmediata. El enfoque más común que utilizo en el mensaje inicial es hacer una pregunta o un comentario sobre algo que ese contacto y yo tengamos en común. Luego, le toca al receptor dar el siguiente paso. Con las redes sociales debemos ser pacientes, ya que ese próximo paso puede no ocurrir sino hasta después de varias semanas. La forma en que cada contacto responda determinará tu próximo paso. Por lo general, lo que yo hago es mantener mi respuesta centrada únicamente en responder a lo que el contacto me envió en su respuesta.

Después de una segunda respuesta, comienzo a cambiar la discusión en torno a un tema que me permita descubrir una necesidad que yo esté en capacidad de satisfacer. Tan pronto como la conversación se mueve en esa dirección, también busco pasarla de la red social a otro medio de comunicación. Para mí, esta es una manera fácil de comenzar a evaluar y ver si el contacto podría convertirse en prospecto. Alguien que esté dispuesto a pasar la conversación a un correo electrónico o al teléfono sin duda está manifestando cierto interés en el tema. En cambio, alguien que no quiera apartarse de la red, tal vez sea un buen contacto, pero es probable que se tome más tiempo para pasar a ser un prospecto.

Si estás en un contexto de B2C, te sentirás fácilmente abrumado por aquellos contactos que desean dialogar para siempre en alguna de las redes sociales por la única razón de que les gusta chatear. El problema es que ese gusto de otros está afectando tu tiempo. Así que, si no están dispuestos a "desconectarse", podrías tomar esto como una señal clara de que este no es un prospecto, sino una pérdida de tiempo.

Hace poco, estuve trabajando con una fuerza de ventas que vendía sistemas de software en el espacio empresarial. Por lo general, sus prospectos estaban en TI o en finanzas. El plan que discutimos se centró, primero que todo, en utilizar métodos de búsqueda tradicionales, como el teléfono y el correo electrónico, para llegar a ellos. Si el prospecto no responde a los métodos tradicionales, entonces el plan será alcanzarlo a través de las redes sociales.

Al compartir esta estrategia con el equipo de ventas, varios miembros preguntaron de inmediato si sería apropiado llegar a los prospectos a través de las redes sociales aunque hubieran rechazado sus propuestas a través de métodos tradicionales. Por supuesto, mi respuesta fue sí —el contacto inicial es de naturaleza social, por lo que ciertamente es apropiado—. No hace falta decir que me sorprendió que una persona del campo de las ventas hiciera esa pregunta. Si creo que puedo ayudar a otros, ¿no debo conectarme con ellos? No hay ninguna razón por la cual los vendedores no deban usar las redes sociales para prospectar.

Para este equipo de ventas, debido a que opera en el ámbito de B2B, la plataforma de medios sociales óptima es LinkedIn. Si estás en B2C, lo más probable es que sea Facebook, Instagram, Twitter o Pinterest. El principal problema con el uso de las redes sociales para prospectar es la falta de conexión directa con la persona a la que intentas llegar. Para ahorrar tiempo, esta es la razón principal por la que te sugiero que actualices tu nivel de servicio con LinkedIn de tal manera que te permita llegar a más personas. Al utilizarlo, el primer mensaje que envío es a través de LinkedIn. Luego, seguiré pautas similares al usar el correo electrónico. Si tienes alguna información personal sobre el contacto o prospecto, construye tu mensaje en torno a esa información.

Parecerá trivial, pero asegúrate de registrar en tu sistema de CRM cualquier actividad de prospección que realices a través de las redes sociales. En más de unas cuantas ocasiones, he visto a vendedores perder toda credibilidad cuando finalmente dialogan con un prospecto, pero no recuerdan lo que le dijeron o lo que hicieron semanas o meses atrás, cuando llegaron a él a través de las redes sociales. Esta es solo una razón más por la que te recomiendo usar un sistema de CRM que te permita integrar a él tu actividad en las redes sociales. El tiempo que ahorrarás valdrá la pena la mayoría de las veces.

Busca, encuentra y conecta

Los grupos y las publicaciones en ellos son otra forma de descubrir posibles clientes potenciales. Dependiendo de la red social que estés usando, así como de sus parámetros, enviarles mensajes a miembros de grupos suele ser una actividad rentable. Por esa razón, cuando te comuniques con un grupo, en lugar de dirigirte a miembros específicos, haz publicaciones más generales que se ajusten a un perfil más amplio de quienes los conforman.

Te recomiendo encarecidamente contactarlos durante el fin de semana o por la noche, cuando no estés dedicando a una actividad de ventas más productiva. Descubrir prospectos a través de los grupos de las redes sociales suele tardar mucho, así que les aconsejo a los vendedores que lo hagan solo si saben controlarse a sí mismos para no pasar demasiado tiempo en ellas. Este enfoque tiene potencial tanto para los vendedores de B2C como para los vendedores de B2B. Si alguien que recibió el mensaje dirigido al grupo responde, te recomiendo usar el mismo enfoque que con los prospectos directos: responde con otro comentario o pregunta que se base en el primero. La segunda respuesta que recibas de su parte será tu guía para saber si vale la pena seguirlo.

Cuando identificas posibles clientes potenciales, una actividad muy productiva es realizar búsquedas de palabras clave en cargos laborales o en nombres de empresas. Nunca subestimes las capacidades del motor de búsqueda de un sitio red para ayudarte a descubrir nuevos contactos. Sin embargo, tu capacidad para conectarte con cualquier cliente potencial se basará en los parámetros establecidos por el sitio red, aunque casi siempre, existe un método para contactarlo. Al igual que con las otras estrategias con las redes sociales, el enfoque que utilizo y que les recomiendo a los equipos de ventas es hacer que el mensaje inicial sea una pregunta o un comentario sobre algo que ellos consideren valioso. Ahora, recuerda que, debido a que se trata de las redes sociales, podrías obtener respuesta en cinco minutos o hasta dentro de cinco semanas o más, pero no tomes la velocidad de la respuesta como un indicativo de interés. La mayoría de las veces, el tiempo de respuesta se debe a la frecuencia con la que la gente ingresa a las redes sociales y / o la configuración que han creado para recibir sus mensajes.

La falacia de los números

Mi objetivo es tenerte como contacto en las redes sociales. Seamos honestos, no hay una sola persona que no se haya sentido hipnotizada en un momento u otro frente a la idea de construir su lista de contactos. Pero recuerda, no comes contactos.

Desde el punto de vista de las ventas, tenerlos no tiene sentido hasta que no se hayan convertido en negocios rentables.

Como te dije en el capítulo anterior, te animo a que te conectes con quienes quieran conectarse contigo y cumplan con tus criterios de aceptación. Cuando alguien quiere conectarse conmigo, me tomo el trabajo de visitar su perfil; si me parece interesante, lo contacto de inmediato. Sin embargo, sé cauteloso con el tiempo que pases conectado. Hay una razón por la que se llama "red social": porque hay muchas personas a las que lo único que les interesa es eso —ser sociales—. Conversar es excelente, pero tiende a tomar tiempo y ese es tu recurso más valioso.

El objetivo de tener un contacto es comenzar a desarrollar en él un nivel de confianza que te permita seguir consiguiendo posteriores contactos. Tus contactos generarán otros contactos en círculos similares, lo que a su vez generará aún más contactos, además de una mayor confianza. Tus contactos verán lo que publicas y esto a su vez aumentará su conocimiento y — sí, lo diré de nuevo— su confianza en ti. En más de una ocasión, he tenido personas que se han acercado a mí debido a una recomendación de alguien con quien estoy conectado en la red. Este enfoque es de suma importancia si te diriges a personas de alto nivel o en la categoría C-Suite. Ellas tienden a no estar en las redes sociales, pero no es inusual que quienes se encuentran en un nivel inferior sí lo estén. Cuando te conectas con personas de este nivel, tienes oportunidades para desarrollar en ellas su confianza en ti, hecho que las lleva a pensar que conectarse con gente de alto nivel es una buena idea tanto para ti como para ellas.

Cuanto más arriba te dirijas en cualquier organización, más importante será que cuentes con partidarios tuyos que se sientan confiados en ti y sepan que tienes un valor estratégico que ofrecerle a su compañía. Esto se debe a que, cuando la gente confía en tu competencia, está mucho más dispuesta a ayudarte a ampliar tu red de contactos.

¿Quieres decirme que no tendré clientes instantáneos?

A todos nos gustaría pensar que podríamos convertir nuestra presencia en las redes sociales en una fuente continua de nuevos clientes potenciales y clientes instantáneos a través de quienes comentan lo que compartimos. Las probabilidades de que eso ocurra no están muy a tu favor, a pesar de todo lo que los "expertos en internet" quieran que tú creas.

El mejor enfoque para avanzar hacia el éxito es implementando la estrategia que describí en el capítulo anterior sobre publicar actualizaciones. Tu objetivo con tus publicaciones es aumentar tu nivel de visibilidad, así como el nivel de confianza que la gente siente hacia ti. Observa de cerca a quienes ven y comparten tus publicaciones, pues tanto ellos como aquellos con quienes ellos las comparten bien pueden ser contactos dignos de seguimiento. Además, habrá personas que publiquen comentarios y ellas también podrían ser clientes potenciales que merezcan seguimiento. En esos casos, tus comentarios de seguimiento hacia ellas deberán basarse en las publicaciones iniciales.

El desarrollo de conversaciones continuas puede ser beneficioso, pero consume demasiado de tu valioso tiempo. Mi regla es intercambiar comentarios de forma limitada siempre y cuando los comentarios revelen cierta información de interés. El desafío es no estar tan absorto en conversaciones en línea que te quiten el tiempo de otras actividades. Es indudable que hacer publicaciones funciona, pues te das a conocer por lo que publicas y además das a conocer los círculos que frecuentas;

así, generas clientes potenciales y, en última instancia, también negocios. Te compartiré dos ejemplos. El primero es el de un contacto con el cual intercambié comentarios de vez en cuando durante más de un año. Sin pedírselo, este me conectó con otra persona que terminó por convertirse en mi cliente. El segundo ejemplo es el de alguien que se me acercó y me dijo que quería hacer negocios conmigo porque me seguía en las redes sociales desde hacía años y le gustaban los comentarios que suelo compartir. ¿Eran estos negocios adicionales que yo no estaba esperando? Claro que lo eran; sin embargo, argumentaré con total libertad que no estoy seguro de que valga la pena esa inversión de tiempo. Digo esto porque no sé con certeza cuánto tiempo pasó para conseguir esos negocios; es por eso que digo que las redes sociales ocupan mucho más de tu tiempo del que te imaginas.

Los sitios de las redes sociales son meramente motores de búsqueda

Las redes sociales están aquí para quedarse y, si bien no sabemos qué aspecto tendrán el día de mañana, debemos encontrar la mejor manera de aprovecharlas hoy. No hace mucho, tuve una conversación con una vendedora que está en la cima de su industria. Pocos pueden hacer lo que ella hace. Lo interesante al respecto es que ella tiene el historial para demostrarlo. Su mercado es de B2B y vende un servicio con un ciclo de ventas típico de dos a cinco meses. He tenido muchas conversaciones con ella sobre el valor de las redes sociales, en particular, LinkedIn. Ella cree que las redes intentan hacer todo lo posible para dificultar que los vendedores las usen. En su mente, una red social perfecta sería una que le proporcionara información completa y precisa junto con una forma de enviarles mensajes a los contactos a través del sitio y también directamente.

Ella no usa las redes sociales para enviarles mensajes a los prospectos usando los enfoques que he presentado en este capítulo, pero las usa a diario y como una herramienta de búsqueda y verificación. La razón por la que no las usa para enviar mensajes es porque cree que la gente no los responde lo suficientemente rápido. Sin embargo, si le preguntas si visita el perfil de un prospecto en LinkedIn antes de llamarlo, dirá: "¡Por supuesto que sí!". Pregúntale si envía una solicitud para conectarse con un cliente potencial en LinkedIn después de hablar con él por teléfono y ella dirá: "¡Por supuesto que sí!". Pregúntale si les envía la solicitud de conexión a otras personas de la misma compañía en la que ella está prospectando y dirá otra vez: "¡Por supuesto que sí!". Y pregúntale si usa LinkedIn para obtener información de contacto o títulos de cargos que ella pueda usar cuando haga una llamada y su respuesta también será: "¡Por supuesto que sí!".

Esta vendedora de alto rendimiento utiliza LinkedIn no como una herramienta para enviar y recibir mensajes, sino como una herramienta útil en sus otros esfuerzos de prospección. Tú también tienes la opción de ser como ella y elegir no usar la mayoría de las estrategias que comparto en este capítulo. Eso está bien, pero diré que no usar las redes sociales para prospectar en, por lo menos, cierta medida, te pondrá en una seria desventaja.

Volviendo a los primeros días del teléfono, estoy seguro de que hubo compañías que no lo aceptaron, creyendo que no había manera de hacer negocios con alguien a quien uno no pudiera ver. Estoy seguro de que, en los primeros días de la televisión, hubo empresas que la vieron como una simple moda, pero sin ninguna oportunidad genuina de hacer publicidad efectiva a través de ese medio. Me pregunto cómo les funcionarían las cosas a estas compañías tan tradicionales. Sospecho

que les fue bien por un tiempo, pero a largo plazo, el teléfono
y la televisión fueron cambios que ellas no pudieron seguir ignorando. Hoy, podemos decir lo mismo de las redes sociales y
del impacto que tienen al prospectar en ellas. Quizá, puedas
ignorarlo y estar bien por un tiempo, pero no regreses a mí en
unos años a quejarte de tu falta de clientes.

PARTE IV

Aquí viene lo difícil

CAPÍTULO 19

Burlando al controlador de acceso

Para mí, la universidad fue una etapa en la que parte de "mis actividades extracurriculares" me mantenían en conversaciones constantes con el decano de la facultad. Mi interacción con él nunca fue en mis términos. Tuvimos nuestras discrepancias en ciertos aspectos, como en las reglas del campus. Cuando me "pedían" que me reuniera con él, yo llegaba a la hora programada a su oficina, donde me enfrentaría a su "guardiana" (la asistente de decanatura). Ella sabía cuál era su función y la desempeñaba a la perfección, pues su trabajo consistía en asegurarse de que todos supiéramos que ella y su jefe dirigían el campus. Con el tiempo, y durante mis visitas al decano, la asistente y yo comenzamos a lograr, por lo menos, un entendimiento mutuo aunque no nos estuviéramos convirtiendo en los mejores amigos. El caso es que, el que comenzó siendo un estudiante primíparo y asustadizo que llegaba a enfrentar la tiranía del decano se convirtió con el tiempo en un estudiante de clase superior que le preguntaba a la asistente de decanatura cómo le había ido en su fin de semana. Incluso le preguntaba sobre sus planes de verano y, lo que es más importante, sobre cómo pensaba ella que el decano manejaría la inminente conversación conmigo. ¡Miro hacia atrás y me pregunto cómo fue que no recibí honores bien fuera por mi forma de prospectar mi capacidad para lograr acuerdos o por mi manejo de las situaciones en tiempo de crisis!

Los controladores de acceso tienen una variedad de roles laborales que van desde el portero a la recepcionista de toda la vida que responde a cada llamada telefónica, al asistente ejecutivo que tiene información clave de la empresa hasta el asistente de nivel medio que trabaja para varios vicepresidentes. Independientemente de quiénes sean en cada caso y de los roles que desempeñan, casi todos son profesionales y maestros en el desempeño de su labor. Nuestro trabajo como vendedores es nunca demeritarlos, sino verlos como las piezas clave que son —para sus jefes y para nosotros.

Naturalmente, el primer movimiento cuando llegas a un controlador de acceso es preguntarle si la persona que estás tratando de alcanzar se encuentra disponible. No esperes a que te pregunte: "¿A quién debo anunciar y con respecto a qué?". Adelántate a esa pregunta y dale tu nombre y el de tu compañía. La clave es cómo suministrar información respecto a la segunda parte de la hipotética pregunta sobre "con respecto a qué" lo estás buscando. En ese caso, lo ideal es indicar aquello que creas que será un beneficio o un resultado positivo para ese contacto que estás tratando de alcanzar.

Los siguientes son algunos ejemplos. Al igual que con los guiones de los capítulos anteriores, te los proporciono para darte ideas. Básate en la razón específica con la cual creas que resaltarás el resultado o beneficio de lo que tengas para ofrecer:

Ayudamos a las empresas a minimizar la mano de obra.

Logramos que las empresas obtengan más beneficios de sus centros de datos.

Ayudamos a las personas a lograr los recursos financieros que necesitan.

Contribuimos a mejorar la seguridad.

Nos especializamos en recortar los gastos de capital.

Es importante que no seas más específico de lo necesario, pues tu intención debe ser que el controlador de acceso te haga otra pregunta. Esto se debe a que, cuando captes su atención, estarás en posición de comenzar a obtener información de esta valiosa fuente. Su trabajo consiste en discernir si es posible confiar en ti lo suficiente como para remitirte a la persona que estás tratando de alcanzar. Por lo tanto, necesita determinar si lo harás quedar mal o no frente a su protegido.

Usa esta persona a tu favor haciéndole preguntas —esas mismas que le harías al tomador de decisiones—. Muchas veces, ella se dará cuenta de que no sabe cómo responderlas y entonces te conectará con la persona y/o el departamento encargado de contestarlas. Cuando le preguntes, asegúrate de no usar un tono de voz desdeñoso. Un buen enfoque es comenzar diciéndole: "¿Puedo hacerle algunas preguntas?". He usado esta misma táctica en numerosas ocasiones y me consta que es bastante efectiva, en especial, si en tus intentos de llegar a quien toma las decisiones tienes que hablar con esta misma persona más de una vez.

Trátalos siempre con respeto

En cada llamada, deja que tu personalidad fluya y permite que el controlador de acceso de turno te vea como una persona común y corriente que está haciendo su trabajo, así como él hace el suyo. Al final, solo se trata de personas que tratan con personas. Siempre me sorprende lo fácil que es conversar cuando hay respeto mutuo. Cada controlador de acceso tiene su forma estándar de manejar las llamadas y, sin embargo, no hay ninguno de ellos que no haga una excepción, según sea la forma en que lo traten. Demasiadas veces, un controlador de acceso que tiene la tarea de contestar el teléfono todo el día puede comenzar a sentirse como un empleado de nivel inferior. Por eso, cuando los tratas bien y les permites sentirse como alguien digno de confiar, te sorprenderás de la cantidad de información que ellos compartirán contigo. Esto es especialmente importante si conviertes a ese contacto en prospecto y luego en un cliente estable y tienes que comunicarte con la compañía de manera regular.

La persistencia *puede* y *da* sus frutos. Recuerda que si te cuesta entrar, lo mismo le pasa a tu competencia, pero lo más probable es que esta no sea tan persistente como tú. No tomes el rechazo de los controladores de acceso como algo personal. Si permites que el rechazo te afecte de manera negativa, hay pocas posibilidades de que alguna vez triunfes en tu intento de tener acceso a quien buscas. Si el mismo controlador responde cada vez que llamas, asegúrate de tener un buen motivo para cada llamada. Esta es una de las razones por las que soy un gran defensor de tener información nueva y relevante cada vez que me comunico con un prospecto.

Mientras tú miras a la izquierda, yo iré hacia la derecha

Nunca olvides que lo que vendes, ya sea un producto o servicio, beneficiará a quien sea con quien estás tratando de conectarte. Sin embargo, aunque beneficies a ese prospecto y a otros, habrá momentos en que el controlador de acceso no entenderá o no le importarán esos beneficios y no te permitirá ingresar. Sin embargo, el hecho de que no logres atravesar una puerta no significa que la ubicación esté cerrada. Es hora de usar otra puerta.

Otros enfoques que podrías probar son:

1. La mayoría de los controladores de acceso trabaja dentro de los horarios tradicionales, por lo tanto, llamar antes de las 8:00 a.m. o después de las 5:00 p.m. o durante la hora de almuerzo puede que dé como resultado que alguien más te conteste el teléfono. Nunca se sabe si la persona que lo está remplazando en ese momento sea más dada a conectarte con quien quieres o a brindarte un poco más de información.

2. Llama y pregunta por el departamento de cuentas por cobrar. Todas las empresas están ansiosas por cobrar dinero. Al solicitar ese departamento, estarás conectado —y créeme cuando te digo que este departamento siempre contestará el teléfono—. Cuando estés conectado, indica a quién estás tratando de llegar.

3. Marca a una extensión distinta a la que deberías estar marcando. Cuando te respondan, sé directo y di el nombre de la persona a la que estás tratando de contactar. Esta no es una técnica oscura. No, es totalmente válida, porque le estás diciendo a la persona que responde a quién estás tratando de ubicar. Utiliza este método una vez que hayas agotado todos los intentos de conectarte a través de la extensión directa.

4. Llama a una sucursal o ubicación diferente, si la compañía tiene una, y úsala para averiguar el nombre de la persona a la que debes tratar de localizar en la oficina principal. Si lo que vendes requiere de un largo ciclo de ventas

e incluye múltiples tomadores de decisiones, llegar a otras divisiones o ubicaciones podría ser muy beneficioso.

CAPÍTULO 20

Ganando a nivel empresarial

El hilo en común que une a los gigantes globales con las compañías más pequeñas es que todas están conformadas por personas como tú y yo. Lo único diferente es la cantidad de ceros a la derecha en sus resultados anuales y el conjunto de reglas por el que todas y cada una se guía. Hasta ahora, lo que has leído en este libro te ayudará a prospectar incluso con las compañías más grandes.

Cuando prospectes en grandes empresas, tu objetivo es encontrar respuesta a estas cinco preguntas y lo más pronto posible:

1. ¿Cuáles son las metas/objetivos que necesitan lograr?

2. ¿Qué barreras están enfrentando?

3. ¿En qué línea de tiempo operan?

4. ¿Dónde está ubicado el poder dentro de la empresa?

5. ¿Cuál es la tolerancia de la empresa frente al riesgo?

Eso es todo. No hay necesidad de complicar las cosas. El desafío consiste en encontrar personas que te ayuden a descubrir las respuestas a estas preguntas, pues solo cuando las tengas, sabrás cómo ayudar a cada compañía de manera específica.

Tu objetivo inicial es evitar que te encasillen como alguien a quien solo le interesa la venta y nada más. Si todo lo que buscas es un contacto, entonces sigue adelante y haz lo posible por conseguirlo, pero recuerda que la tarea de convertir a un contacto en un buen prospecto y, por último, en un magnífico cliente, es ardua. Tu mejor enfoque es contactarte con gente al interior de la organización que esté dispuesta a ayudarte a encontrar respuestas a tus preguntas y que desempeñe un rol decisivo en el proceso de compra del cliente.

Los roles que juega la gente

En última instancia, el contacto que hagas también te ayudará a ubicar a los 7 tipos de personas con los que muchos vendedores se encuentran cuando hacen negocios con grandes empresas:

1. *Usuario*: la persona que usará lo que vendes.

2. *Propietario*: la persona que posee el presupuesto que proporcionará los fondos para comprar.

3. *Tomador de decisiones*: la persona que está al frente del proceso de toma de decisiones.

4. *Contacto*: la persona que trabaja en tu nombre para avanzar en el proceso.

5. *Influenciador*: la persona que desea participar en el proceso de toma de decisiones.

6. *Optimizador:* la persona que es proactiva para encontrar maneras de crear un mejor resultado.

7. *Bloqueador de caminos*: la persona que, por lo general y para su propio beneficio, intentará sabotear o bloquear una decisión.

Estas 7 personas no existirán en toda transacción; sin embargo, cuanto más grande sea la empresa o el proyecto, mayor será la cantidad de personas que buscará desempeñar un rol en la negociación. Tu objetivo es comprender en qué rol se encuentra tu contacto y, a medida que surjan oportunidades, conectarte con quienes desempeñarán los otros roles.

Para conectarte, usa las estrategias que he mencionado en capítulos anteriores, pero a medida que avances haciendo el contacto, no te dejes llevar por la rimbombancia del título, ni por el cargo que desempeña cada persona. Por lo general, el conjunto de reglas mediante las cuales se rige una gran empresa comienza con los títulos. Hace poco, estuve trabajando con una de las corporaciones más grandes del mundo y mi contacto tenía el título de "Servicios comerciales". De entrada, no es un cargo que suene muy impresionante, sin embargo, esta persona era responsable de más de ¡$1 billón de dólares en negocios! Me habría sido fácil suponer que no tenía autoridad para comprar, pero me quedó claro que ese no era el caso. En este sentido, un sencillo concepto sobre el cual me baso es que, mientras más grande es la empresa, más sencillos son los títulos. La solución está en las preguntas que haces, ya que, a menos que tengas un conocimiento directo de la estructura organizativa de la empresa, nunca sabrá quiénes son los distintos actores y, lo más importante, qué hacen en realidad. Por todo esto, con el fin de descubrir algunos de los misterios dentro de una empresa cuando se trata de títulos, utilizo tres sitios web diferentes: LinkedIn, Data.com Connect y Glassdoor, porque proporcionan información excelente sobre los títulos y al leer las descripciones de los cargos obtengo una visión general del nivel de control de mi contacto.

Cuando hagas contacto, nunca ocultes el hecho de que tu objetivo es ganarte a esa empresa como cliente. Esto no significa que desde el primer contacto comiences diciendo: "¡Cómpreme ya mismo!" No, empieza tratando de obtener información que te ayude a darles respuestas a una o más de las cinco preguntas enumeradas al principio de este capítulo.

Quizá, seas una pequeña empresa buscando venderle a una corporación global. Sin embargo, durante tu fase de prospección, no permitas por ningún motivo que el prospecto te vea como una pequeña empresa. Cuanto más te vea como un compañero que habla su mismo idioma, que comprende sus reglas y no está asombrado por el tamaño de su compañía, mayor será tu probabilidad de éxito. La gente de las grandes empresas no tiene tiempo para capacitar a un vendedor sobre los matices de cómo funciona una gran empresa.

Mejores prácticas

Cuando trabajo con equipos de ventas para desarrollar sus habilidades de prospección al tratar con grandes compañías, les describo las siguientes cinco mejores técnicas a poner en práctica:

1. Al final de cualquier conversación, pregunta si hay alguien más en la compañía que también pueda darte su opinión. Tu objetivo es expandir tu influencia al interior de la empresa tanto como sea posible.

2. Trata de averiguar cómo han tomado decisiones de compra similares en el pasado, incluidas cuestiones de presupuesto, plazos, requisitos de contratos, aprobaciones

de proveedores y procesos de licitación. Mientras más pronto obtengas esta información, mejor comprenderás la línea de tiempo a seguir y con quién necesitas trabajar.

3. Independientemente del número de clientes potenciales que tengas dentro de una empresa, tu labor es lograr que todos se mantengan interesados en hacer negocios contigo. Así que contáctalos vía correo electrónico y envíales información clave con respecto a la industria, a un competidor o a otros aspectos relevantes. Tu objetivo es interesarlos lo suficiente como para que te vean como un recurso valioso y relevante.

4. Hazle seguimiento a cada contacto que aparezca como "cc" en los correos electrónicos. Lo mismo aplica a cualquier persona mencionada en una reunión o en un documento. Tu objetivo es abrir tantas conexiones como sea posible.

5. Si alguien te dice que debes ponerte en contacto con el departamento de compras, tu respuesta inmediata debe ser que ahora no es el momento para hacerlo porque todavía tienes demasiadas preguntas que necesitas que te respondan.

Estos cinco pasos te permitirán comprender mejor quién cumple cada uno de los siete roles mencionados al inicio del capítulo, a medida que avanzas en el proceso de venta.

Finalmente, nunca permitas que un solo contacto te dé la impresión de ser el único contacto en toda la empresa. Cuanto más grande es la compañía, más segmentada tiende a ser —lo cual significa que tu contacto quizá tenga influencia, pero solo sobre una pequeña parte de la compañía—. Esta es la razón clave por la que creo que siempre debes estar buscando una buena cantidad de contactos, sin importar qué tantos tengas.

CAPÍTULO 21

¿Vale la pena siquiera intentar llegar a la C-Suite?

Quieres conectarte con la C-Suite. De hecho, esa es una de las razones más importantes por la que compraste este libro y has dedicado parte de tu tiempo para leer cada capítulo. Pues bien, por fin llegaste a este que está dedicado exclusivamente a la C-Suite. Sin demorarme más, déjame darte el mejor consejo al respecto: lo que funciona con cualquier tipo de prospecto no funcionará con la C-Suite. No es que debas ignorar todos los otros capítulos de este libro; con un poco de ajustes, esas estrategias también serán efectivas con la C-Suite y con otras personas del nivel empresarial superior. Simplemente, necesitarás adaptarlas al nivel C.

John Spence, quien ha estado trabajando con CEOs durante los últimos 20 años y es reconocido como uno de los "Top 100 Business Leaders in America", confirma mi concepto de que los ejecutivos de la C-Suite no quieren reunirse con los vendedores, pero se reunirán con reconocidos expertos de la industria que tengan un sólido historial en cuanto a la entrega de soluciones de clase mundial. John tiene una excelente cita que le he oído usar muchas veces cuando hemos tenido el privilegio de trabajar juntos: "Sé tan bueno que no puedan ignorarte". ¡Bien dicho!

Antes de entrar en los ajustes que haremos, es importante validar si existe la necesidad de prospectar en la C-Suite. Si lo que estás vendiendo es un producto o servicio consumible y este no requiere de consideraciones especiales de presupuesto, desafiaré la necesidad que tienes de siquiera contactar la C-Suite. A todos nos han dicho sobre la importancia de crear relaciones a nivel superior y vender lo más alto posible en una organización. Por lo general, esto tiene sentido, pero hay veces en que, aunque *tenga sentido*, no por eso te hará ganar dinero e incluso puede que hasta termines perdiendo tu tiempo.

Criterios para prospectar en la C-Suite

Pregúntate a ti mismo: "Lo que vendo…

► ¿…requiere de consideraciones especiales de presupuesto?"

► ¿…tiene valor estratégico para el cliente?"

► ¿…tiene implicaciones con respecto a las necesidades de personal?"

► ¿…le permite a la C-Suite alcanzar un objetivo anual que en la actualidad está en riesgo?"

► ¿…tiene implicaciones significativas en las metas y objetivos a largo plazo que el CEO ha establecido?"

Si lo que estás vendiendo no encaja en uno de los escenarios anteriores, entonces es muy probable que pasar el tiempo prospectando en la C-Suite o con otras personas de alto nivel en una empresa grande no genere un retorno en comparación con el tiempo invertido. Si, por otro lado, lo que vendes se alinea con dos o más de los criterios anteriores, entonces debe prospectar en la C-Suite.

Una vez que hayas decidido prospectar allí, esta decisión no te impide llegar a otras personas de la compañía. De hecho, casi siempre, debes llegar a otras personas, pero el propósito será diferente. Tu objetivo ahora es obtener información y conocimientos que te ayuden durante tus reuniones en la C-Suite. La cantidad de tiempo que le dedicas a una empresa en particular solo debe estar relacionada con el valor que esperas obtener si esta se convierte en tu cliente.

Ellos piensan diferente al prospecto promedio

Si has determinado que prospectar en la C-Suite tiene sentido y bien vale la pena tu tiempo, necesitas identificar qué cambios debes hacer en tu plan de prospección. Para hacer esto, explora qué hace que quienes se desempeñan a nivel superior sean diferentes al prospecto promedio.

La gente de la C-Suite y de alto nivel es más propensa a…

► . . . pensar en un marco de tiempo más largo.

► . . . estar menos orientada al precio.

► . . . pensar estratégicamente.

► . . . ser segura y centrada.

► . . . tener cuidado con sus comentarios.

► . . . pensar en grande.

► . . . entender el valor y la necesidad de riesgo.

► . . . proteger y valorar su tiempo.

► . . . tener alto respeto por la integridad.

- ▶ . . . tener deseo de aprender.

- ▶ . . . ser curiosa.

- ▶ . . . no querer sentirse avergonzada.

- ▶ . . . proteger su imagen.

- ▶ . . . ser respetuosa con los demás.

- ▶ . . . tener en alta estima a las personas en las que confían.

Esta lista está basada en mi trabajo con más de 1.000 ejecutivos y personas de alto nivel en innumerables empresas y asociaciones en los últimos 20 años. Ciertamente, habrá variaciones con cada individuo, pero en 20 años, no he encontrado un ejecutivo que no incluya la mayoría de los elementos enumerados. Esta lista es importante con respecto a prospectar, ya que te guiará en la comprensión de lo que necesitas para prospectar y tener éxito con ejecutivos de alto nivel. No entender la diferencia entre los prospectos de nivel inferior y los prospectos de nivel superior es la razón por la cual demasiados vendedores, al ponerse en contacto con la C-Suite, son transferidos de inmediato al departamento de compras. Los miembros de la C-Suite, simplemente, piensan de manera diferente y por eso a menudo están en la C-Suite. Si no tomas esto en cuenta al prospectar, mereces que te envíen al departamento de compras —y quizá *esa* hasta sea una generosidad de su parte.

El cambio más grande que debes hacer al prospectar en la C-Suite es alterar tus expectativas con respecto al tiempo que te tomará recoger los resultados de tu trabajo. Cuando me dirijo a un CEO u a otra persona de nivel superior, veo el tiempo en términos de meses y trimestres, no de días y semanas. Si deseas eliminar cualquier posibilidad de llegar a la C-Suite, no temas enviarles correos electrónicos y hacerles llamadas telefónicas cada dos días o incluso cada semana. Con los CEO, ponerte en contacto con ellos más de una vez al mes puede comenzar a rayar en lo excesivo.

Ellos se rigen por reglas diferentes

Al construir tu estrategia de prospección en la C-Suite, debes pensar en tres cosas: confianza, confidencialidad y referencia. Los ejecutivos de la C-Suite valoran su tiempo y, antes de acordar reunirse con cualquier persona, desean asegurarse de no ir a desperdiciar su tiempo. Por lo tanto, las personas que hacen parte de sus calendarios serán aquellas que ellos ya conozcan o referencias de personas en las que ellos confían. Es posible que las referencias solo provengan de sus asistentes, pero siguen siendo referencias, ya que ellos no te permitirían acceder a los ejecutivos de la C-Suite a menos que primero tengan confianza en ti.

Una referencia también puede provenir de otra persona de la compañía que le pasa tu nombre al asistente. Hace unos años, recibí una llamada de un asistente administrativo que no conocía, pero me contactó para preguntarme si quería hablar con toda la compañía. Tuvimos una breve conversación y, sin embargo, esa llamada me llevó a tener una conversación con el presidente de la compañía. El resultado no fue solo un compromiso verbal, sino una relación a largo plazo que resultó rentable para todos. La razón por la que todo salió muy bien fue porque el asistente me llamó basado en una relación que desarrollé con un gerente de nivel medio para quien el asistente del presidente era muy respetado. La confianza y la confidencialidad que logré desarrollar con él fueron las que me llevaron a la C-Suite. El gerente de nivel medio carecía de la autoridad de compra para contratarme, pero podía referirme a quienes sí podían. Por supuesto, no podrás reproducir este ejemplo en todas las empresas, pero verás que sucede con algunos de tus prospectos. En mi caso, funcionó porque la persona con la que inicialmente desarrollé la relación era respetada en la C-Suite.

Una regla fundamental que tengo cuando se trata de prospectar en la C-Suite es nunca comenzar a más de un nivel por debajo de la C-Suite. Una razón clave por la cual no quieres comenzar más bajo al interior de la organización no es solo por la pérdida de tiempo, sino también porque podrías ser expulsado para siempre de la C-Suite. Recuerda, uno de los rasgos enumerados que hace que los ejecutivos de C-Suite sean diferentes es por cómo ellos cuidan su tiempo. Si el ejecutivo de C-Suite al que quieres contactar sabe que ya estás trabajando con alguien más en su compañía, será menos probable que te dedique tiempo. ¿Por qué debería si siente que alguien ya se está ocupando de ti? Si deseas que quienes pertenecen a la C-Suite te consideren valioso y digno de su tiempo, no solo debes cumplir con los criterios enumerados anteriormente en este capítulo, sino que también deberás contar con información crucial que les interese a ellos.

Enviando un correo electrónico a la C-Suite

Recuerda, las posibilidades de que el miembro de la C-Suite al que estás tratando de contactar vaya a ver lo que le envíes no son muy buenas —excepto si utilizas las estrategias de correo electrónico descritas en el Capítulo 15—. Un correo electrónico para un integrante de la C-Suite debe seguir un formato diferente al que usarías en el proceso de prospección acostumbrado. Primero, no descartes el valor de su asistente. Sí, la posición de asistente tiende a desaparecer en más y más compañías, pero en otras, esta posición todavía existe, solo que con un título diferente.

Si tienes la información de contacto del asistente o de quien desempeña esa función, comunícate directamente. Es mucho más probable que un asistente lea primero tu correo electrónico que el miembro de la C-Suite al que deseas contactar. Esto no significa que el contenido deba ser diferente. Lo más importante que necesitas recordar al tratar con un asistente es que debes tratarlo de la misma manera que lo harías con el ejecutivo de la C-Suite que buscas. El asistente te está examinando tanto a ti como a lo que tienes que decir y él o ella deben tener un buen nivel de confianza y confidencialidad en ti si deseas la oportunidad de que te refieran a la persona de nivel superior.

El estilo de correo electrónico más efectivo para la C-Suite es aquel que cumple con todas las pautas normales de prospección. En primer lugar, asegúrate de no incluir ningún archivo adjunto, ni gráficas. Los CEO y otros en la C-Suite se muestran bastante renuentes a aceptar cualquier documento que pueda contener un virus de cualquier tipo. Numerosos directores ejecutivos me han dicho que, bajo ninguna circunstancia, abrirán un archivo o harán clic en un enlace que les envíe alguien de fuera de sus propias empresas. Esto solo sirve como otro recordatorio del rol que juega la confianza con las personas en puestos de nivel superior.

Las reglas de correo electrónico cambian en contenido y formato cuando lo diriges a la C-Suite. El formato que me parece más efectivo es conformado por "tres puntos/explicación": comienza tu mensaje con tres viñetas seguidas de dos o tres frases que expliquen cada viñeta. El poder de este formato es que es conciso. Si el receptor solo tiene tiempo para ver una parte, al menos ve los puntos.

Numerosos vendedores me han dicho que una de las razones clave por las que finalmente lograron reunirse con miembros de la C-Suite después de usar este formato es debido a su estilo de comunicación sucinto.

Aquí hay un ejemplo de un correo electrónico utilizado para llegar a un CEO:

Para: Ross Jones

Asunto: Impacto de la tasa de la FED en el segundo trimestre

Con el reciente anuncio sobre tarifas, varias cosas parecen estar en riesgo:

- El valor del dólar impactará las importaciones asiáticas.

- El gasto de capital cambiará para muchas empresas.

- Las ganancias anuales.

Si el dólar continúa ganando valor en comparación con las monedas asiáticas, veremos que los competidores asiáticos serán más escépticos en cuanto a la forma en que cotizan.

Con el aumento del costo del préstamo de dinero, habrá presión en muchas compañías, lo que podría hacer que bajen las compras importantes al año.

Todas las noticias con respecto a la Reserva Federal implican que podría haber una debilidad en la economía, lo que probablemente significa que muchas empresas verían sus ganancias anuales en riesgo.

Tenemos nuevos hallazgos de nuestro trabajo global y nos complacería compartirlos con usted y, lo que es más importante, nos gustaría informarle cómo proteger su empresa y aprovechar estos factores.

Espero escuchar de usted y establecer un horario para una reunión. Puede comunicarse conmigo en el número que aparece abajo.

Mark Hunter

The Sales Hunter

402-445-2110

Observa cómo este correo electrónico es más largo que un correo electrónico de prospección habitual y tiene un flujo totalmente diferente. Todo esto es intencional, ya que te permite que la persona que lo recibe lea tanto o tan poco como quiera. Si tienes las direcciones de correo electrónico del asistente y del ejecutivo de la C-suite, envíaselo a ambos al mismo tiempo, listando al asistente en el campo "cc".

La frecuencia correcta para usar este formato es una vez al mes, pues te permite equilibrar el respeto por su tiempo con la necesidad de comunicarle información valiosa.

Llamando a la C-Suite

Debido a la cantidad de información disponible en internet, suele no ser difícil obtener el número de teléfono del CEO o de otros miembros de la C-Suite —sobre todo, cuando las empresas cotizan en Bolsa. Al llamar a un ejecutivo de nivel superior, aplica las mismas reglas que si estuvieras llamando a otra persona. La llamada puede ocurrir de tres maneras: la recibe el correo de voz, otra persona responde o la persona con la que estás tratando de comunicarte también podría responder. Sí, esto significa que estar preparado para cada escenario es esencial.

Llamar a un ejecutivo de nivel superior requiere de más sensibilidad para garantizar que no te vea como alguien que le está vendiendo algo. Las personas de nivel superior no *compran* nada; para eso tienen empleados de nivel inferior y allí es a donde te enviarán si creen que les estás vendiendo. Tu llamada debe centrarse en ayudar al ejecutivo con uno de los criterios descritos al principio de este capítulo. No se trata de vender; se trata de ayudarlos a *invertir* estratégicamente para que obtengan resultados óptimos. Tu voz, tu tono y las palabras que uses deben generar confianza.

Al prepararte para tu llamada, la forma en que manejes al asistente que responda tu llamada debe ser exactamente la misma en que hablarías con el miembro de la C-Suite; además, asegúrate de hacerle a él las mismas preguntas que le harías al miembro de la C-Suite. Nunca esperaría que el asistente pudiera responderme las preguntas que quiero hacerle al CEO, pero ese no es el propósito. El verdadero propósito es que el asistente se dé cuenta de que, por ningún motivo, desperdiciaré con tonterías el tiempo del CEO, dado el valor de las preguntas que le formulé y de las ideas que aporté. Nunca dudes en solicitar el tiempo necesario para reunirte con el CEO o con quien estés tratando de comunicarte; el elemento importante en cuanto a pedir ese tiempo es *cómo* lo haces. Si pides "solo un par de minutos, porque sé que él está ocupado", obtendrás un rechazo total. Preguntar de esa manera hace que parezca que no eres digno de conocer al CEO y que lo que quieres saber bien podría manejarse a través del correo electrónico.

A la inversa, tampoco puedes pedirle al asistente toda una hora del tiempo del CEO. Lo siento, nadie tiene esa cantidad de tiempo. Incluso pedir 30 minutos también suele parecer excesivo. El tiempo mágico es de 20 minutos. Manifiesta con total confianza en ti que te gustaría una cita de 20 minutos con el miembro de la C-Suite. Esos 20 minutos son oro: no son 30 minutos (el cual solo les conceden a quienes les presentan informes directos), ni tampoco son 10 minutos, lo que hace parecer que el asunto a tratar no es importante. Y aquí está la belleza de pedir 20 minutos: los calendarios normalmente están segmentados en espacios de 15 a 30 minutos. Esto significa que, probablemente, y de todos modos, terminarás con una reunión de 30 minutos. Los obtendrás aunque, si al comienzo hubieras pedido tanto tiempo, el asistente te habría dicho que "no".

Sé que parecerá sorprendente, pero pienso que, solo porque tienes 30 minutos en el calendario, no deberías tomarlos todos. Demuestra que tienes confianza en ti y en lo que tienes para la venta tomando solo 20 minutos. Si el CEO se da cuenta del valor que le estás aportando, te pedirá que permanezcas durante los otros 10 minutos restantes.

Los minutos mágicos

Sin lugar a dudas, el mejor momento para comunicarte con ejecutivos de nivel superior (o, para el caso, con *cualquier* persona de difícil acceso) es entre los minutos 0:58 de cada hora y 0:02 de la siguiente hora. Este tiende a ser el momento más específico en que sea bastante probable que ellos estén pasando de una reunión a otra. Y si además pasan mucho tiempo en llamadas de conferencia, entonces existe la gran posibilidad de que contesten el teléfono antes de comenzar la llamada programada para esa hora.

¿Funciona esta estrategia? ¡Sí! La he usado durante años y he tenido mucho éxito en algunas empresas bastante grandes conectándome a esas horas con gente de nivel C. En una ocasión en particular, el presidente de una gran compañía canadiense con quien estaba tratando de comunicarme no estaba respondiendo a ninguno de mis intentos ni por teléfono, ni por correo electrónico. Un día, lo llamé al final de cierta hora y él mismo contestó al segundo timbre de mi llamada. No hace falta decir que me sorprendió escuchar su voz. No soy partidario de preguntarle a nadie si ese es un buen momento para hablar; para mí, esa pregunta le ofrece a la persona que está al otro lado de la línea la posibilidad de escabullirse demasiado fácil. Sin embargo, cuando estoy llamando a ejecutivos de alto nivel, mejor les pregunto, así que, cuando le pregunté si ese era un buen momento para hablar con él, su respuesta fue un rápido "No", seguido de: "Pensé que se trataba de mi conferencia telefónica de las 11 a.m.". De inmediato, le pregunté cuándo sería un buen momento para volverlo a llamar. Sin pausa alguna, este caballero me respondió que lo llamara a las 4:15 p.m. y entonces sí podríamos hablar. Lo llamé a esa hora y tuvimos una conversación muy productiva.

Ahora, te diré que yo también tengo muchas dudas con respecto a preguntar cuándo sería un buen momento para volver a llamar, ya que muchas personas de niveles empresariales inferiores, con tal de deshacerse de los vendedores, simplemente les dirán que las llamen a horas en que ellas saben que no estarán disponibles. En cambio, los ejecutivos de nivel superior no operan de esa manera. Ellos tienen un alto nivel de integridad y, si ofrecen otro momento para hablar, ese ofrecimiento es genuino.

Te recomiendo mostrar respeto profesional al utilizar con ellos este enfoque de hacer llamadas en horas de alta probabilidad de respuesta. Sé extremadamente respetuoso con su tiempo. Es posible que ese ejecutivo que responda a esas horas específicas no esté en capacidad de atender llamadas al azar, así que demostrarle respeto te hará ganar mucho más a largo plazo que si intentas monopolizar su tiempo en ese preciso momento. Muchos vendedores con los que he trabajado tienen el hábito de apartar cierto bloque de tiempo diario que vaya del minuto 45 de determinada hora hasta después del minuto 15 de la siguiente hora; esto con el único propósito de hacer llamadas a los niveles superiores y a otros prospectos difíciles de alcanzar.

Ellos tienen amigos. Yo tengo amigos. Necesitamos conocernos.

Dado que la confianza es la primera en la lista de los criterios necesarios para llegar a la C-Suite, a menudo es imperativo hacer networking como una forma de entrar. Por fortuna, el networking es más fácil hoy que nunca gracias a los sitios de redes sociales como los que mencioné en los capítulos 17 y 18. Los eventos cívicos y de la industria son sin duda los lugares perfectos para hacer conexiones con los miembros de la C-Suite. Es innumerable la cantidad de directores ejecutivos y de otras personas de alto nivel que he conocido y con quienes he podido establecer contacto durante diversos eventos de la industria.

Sin convertir esto en un capítulo de "fundamentos sobre networking", describiré los dos aspectos que debes tener en cuenta cuando busques conectarte con personas de alto nivel en un evento: primero, debes estar preparado para cualquier cosa. Y segundo, debes tener confianza en el momento. Hace poco, asistí a un evento importante de la industria nacional y, cuando caminaba por el lobby, vi a la distancia a un CEO que quería conocer. Eran las 10:00 p.m. y el escenario era el ajetreado vestíbulo del hotel, pero no podía dejar que eso me disuadiera de acercármele. Mi desafío consistía en hacer un "comentario de valor" apropiado y en un instante, aunque solo fuera para establecer una conexión que luego tendría que construir. Como estaba tratando de reunirme con ese CEO, había hecho mi tarea y sabía dos cosas: una, que su compañía acababa de anunciar un fuerte crecimiento en su último trimestre y la otra, que había anunciado su traslado hacia un país europeo. Todo lo que tuve que decir fue felicitarlo por su mudanza a ese país y por las enormes ganancias obtenidas; eso fue suficiente para recibir a cambio el tan anhelado "gracias". Aproveché el momento para presentarme, y sabiendo que ya era tarde, me retiré sin decir nada más. Mi introducción y ese breve comentario fueron todo lo que necesité cuando volví a encontrármelo al día siguiente; sostuvimos una corta y cordial conversación, de apenas tres minutos, sobre su compañía e industria. A partir de ese encuentro en la conferencia, logré que tuviéramos la oportunidad de sostener una extensa llamada telefónica posterior y un intercambio de correo electrónico y, finalmente, todo esto me llevó a hacer un buen negocio.

¡La clave es estar listo! Las oportunidades no siguen una línea recta. Hubo veces en que sentí que no estaba listo. Al inicio de mi carrera, mientras estaba prospectando en una empresa importante, preciso me encontré en el baño con el CEO que buscaba. No hace falta decir que no estaba preparado y que no pude aprovechar la que resultó ser la única oportunidad que tuve para conocerlo.

Lo importante con relación a los eventos de la industria y a la creación de redes es no asistir a ellos únicamente tras la oportunidad de conocer a determinado ejecutivo de la C-Suite. He visto a demasiados vendedores arruinados (en dinero y tiempo) debido a que asisten a demasiados eventos con la esperanza de establecer contactos con gente de alto nivel, solo para terminar no concretando tales esfuerzos.

Aunque hay un capítulo en este libro dedicado a los referidos, vale la pena explicar cómo relacionar los referidos con ejecutivos de nivel superior. Debido a que ellos no se atreven a permitir que nuevas personas entren en sus mundos, infinidad de veces, la única forma de llegar a ellos es a través de referidos. Se necesitan años para cultivar ese tipo de referidos que nos lleven a la C-Suite y, muchas veces, surgen más por accidente que a través de un plan estructurado. Algunos de los mejores referidos que he experimentado han sido por medio de relaciones que comenzaron cuando las dos personas se encontraban en diferentes posiciones en sus respectivas carreras. Un ejemplo de esto es un buen amigo mío que es bastante exitoso en el campo de las ventas y ha ido construyendo un negocio masivo alrededor de sus hermanos de fraternidad de la universidad. En los 25 años que han transcurridos desde que él asistió a la universidad, sus contactos universitarios se han ido posicionando en cargos de alto nivel en varias corporaciones grandes. Mi amigo no solo ha podido hacer negocios con sus hermanos de fraternidad, sino que ellos a su vez lo han referido a otros ejecutivos de alto nivel en otras compañías. Nunca descuides las relaciones. Puede que algunas no te parezcan valiosas hoy, pero con el tiempo, quizá se conviertan en oportunidades significativas. Recuerda, los referidos van en ambos sentidos. Por mucho que desees que los demás te los den, recuerde siempre que tú también debes ser diligente al darlos.

Un enfoque final que bien vale la pena mencionar es tu capacidad para aprovechar tus conexiones con los ejecutivos de nivel superior dentro de tu propia empresa para abrir puertas con otros ejecutivos de ese mismo nivel. Algo mágico ocurre cuando un vicepresidente sénior llama a otro vicepresidente sénior. Llámalo el "club secreto del apretón de manos" o, simplemente, una cortesía relacionada con la posición, pero es sorprendente ver cómo una persona de nivel ejecutivo superior establece tan rápido una relación con otra de su mismo nivel. Es posible que tengas que insistir e insistir, pero yo no dejaré de ser enfático con respecto a cuán efectivo suele ser este enfoque para abrir nuevas puertas.

Es un largo recorrido —la Regla del 10%

Al final, deberás decidir si tiene sentido para ti prospectar personas de nivel superior y cuánto tiempo le dedicarás a ello. Fácilmente, el hecho de dedicarles demasiado tiempo a los ejecutivos de este nivel te creará problemas significativos a corto plazo en lo referente a lograr tu meta de ventas. Por lo general, desarrollar relaciones y hacer negocios con altos ejecutivos conlleva tiempo; casi siempre, te demorarás de tres a cuatro veces más que prospectando a un contacto de otro nivel. Ten esto en cuenta cuando hagas tu cronograma. Con frecuencia, les digo a los vendedores que nunca le dediquen más del 10% de su tiempo al desarrollo de clientes potenciales de alto nivel, pues reducirían el tiempo que necesitan para desarrollar negocios de inmediato. Así las cosas, asumir que ese 10% es todo lo que puedes dedicar significa que tampoco tendrás un espectro amplio para adentrarte en todas las compañías posibles. Mejor, haz una lista concreta que puedas gestionar de manera efectiva. Así, tendrás tiempo para conocer cada compañía y a las personas a las que intentas llegar. Pensar que vas a lograr acceso a la C-Suite mediante una llamada en frío y que obtendrás una cita en la primera llamada es algo que, sencillamente, no sucederá.

CAPÍTULO 22

Atravesando puertas cerradas

En ocasiones, tienes un contacto que sabes que se beneficiaría al hacer negocios contigo, pero no está respondiendo tus mensajes. Somos optimistas al clasificar a estas personas que no nos responden como contactos o clientes potenciales. En estos casos, la primera pregunta que debes hacerte es: "¿Este contacto ha, por lo menos, visto o escuchado mis mensajes y ya sé cuál es su reacción?". A este punto, tú no sabes si escuchó tus mensajes, ni si leyó tus correos electrónicos y, en última instancia, tampoco sabes qué impacto habrán tenido en él. Sin embargo, solo porque no te respondió, no significa que tus mensajes no lo hayan impactado. Los agentes de adquisiciones son conocidos por no responder, pues muchas veces, un mensaje ignorado causará pánico en un vendedor y esto lo llevará a estar más dispuesto a ofrecer un mejor trato.

Serías miope si creyeras que un contacto te está ignorando por el simple hecho de que no haya respondido a uno o dos intentos tuyos por comunicarte con él. En estos casos, lo mejor es cambiar tus métodos y utilizar el teléfono, el correo electrónico, el contacto personal, las redes sociales e incluso el correo regular. A medida que los uses, asegúrate de variar tus mensajes, incluso si sientes que no le están llegando. Lo último que quieres es que tu contacto piense que eres un pésimo vendedor, pues todos los mensajes que le enviaste son los mismos.

Una de las razones principales por las que debes cambiar tus mensajes es porque muchas veces los contactos no te responden porque no te necesitan por el momento. Observa que escribí "… por el momento". Las cosas cambian y, dentro de un mes o un trimestre, tu contacto podría tener una razón para contactarte. Por eso, es importante que revises y observes cómo te estás comunicando.

¿Son tus mensajes sobre ventas? La gente no quiere que la obliguen a comprar. Tu primer objetivo es conseguir que tus contactos te vean como alguien en quien ellos pueden confiar. Enfócate en proporcionarles información que ellos puedan usar y que les resulte útil. Una forma de hacerlo es dándoles información que provenga de fuentes externas a tu empresa. Al ser de otras fuentes, te verán de manera diferente a los vendedores promedio.

Hay vendedores que abogan por enviarle a sus contactos, e incluso a sus prospectos, un mensaje que sea casi un ultimátum, algo como: "¡Responde ahora mismo o nunca volveré a contactarte!" Este enfoque es infantil y estúpido. ¿Qué logra, aparte de hacer que el remitente parezca tonto? Si pareces tonto, mejor será que renuncies de una vez por toda a cualquier oportunidad de tener a estos receptores de tus mensajes como futuros clientes.

¿Cuándo es hora de alejarte de un contacto?

Los vendedores me hacen esta pregunta todo el tiempo y siempre respondo que cada situación es única. La mayor dificultad que muchos de ellos tienen para alejarse de un contacto es el tamaño de la posible ganancia. La gran oportunidad que cambiaría tu carrera es algo de lo que no querrías perderte. Lo mismo podría decirse con respecto a jugar la lotería —el atractivo de ganarte el premio mayor está ahí, pero también están las probabilidades de no obtenerlo y son extremadamente amplias—. Deja de pensar que vas a ser aquel único vendedor entre 20 millones que logrará que un gran contacto le responda. Lo más probable es que fallezcas de hambre esperando que eso suceda. Cuando ya sea imposible obtener información del contacto o este te ignore por completo, habrá llegado el momento para que prosigas tu camino, ya que lo único que estás haciendo es perder un tiempo que bien podrías emplear trabajando en otros contactos y clientes potenciales prometedores.

Invierte tu tiempo trabajando con contactos y prospectos que te den las mejores posibilidades de éxito. He visto a demasiados nuevos vendedores atrapados en medio de sus propias emociones terminar fracasando miserablemente. Saber cuándo alejarse es difícil; por eso es que te aconsejo mantener tus emociones bajo control y atenerte a los hechos —y los hechos son lo que tu plan diga que debes hacer a partir de ese momento—. Sí, cada situación es diferente, pero si no te apegas a tu plan, siempre terminarás cambiando de opinión a la mitad del camino y, al final, nunca sabrás con certeza qué funciona y qué no. Ser optimista es un rasgo admirable, pero no dejes que tu optimismo eclipse tu manera de usar tu tiempo. No hay nada de malo en alejarte de un contacto que no te responde. Después de todo, si persiste en no responder, ¿qué te hace pensar que es si quiera un contacto? Al mismo tiempo, no dejes que la duda te convenza de seguir intentando comunicarte con quienes sabes que sí puedes ayudar. Basa tu decisión en el valor que le asignes a tu tiempo.

Es una fuente de prospectos, no un parqueadero lleno de ellos

Mantener a las personas en tu lista de "contactos activos" a pesar de no tener éxito con ellas solo convertirá tu fuente de contactos y prospectos en un parqueadero lleno de ellos. Quienes no te responden no son ni contactos ni prospectos —son sospechosos de serlo—. Necesitas pasarle esos sospechosos a tu departamento de mercadeo para que hagan parte de la "lista de contactos" de los cuales ellos se encargan. La mayoría de los departamentos de mercadeo sigue un proceso regular por medio del cual le envían a estas listas comunicación "por goteo" bien sea de una forma u otra. Si no tienes un equipo de mercadeo que te maneje este proceso, entonces necesitarás gestionar tú mismo esa lista.

La creación de un sistema de correo electrónico automatizado para fines de mercadeo de B2B es mucho más fácil de lo que muchos piensan. Si eres propietario de una pequeña empresa, tratar de insistir en establecer comunicación con contactos y prospectos que no te respondan no te tomará mucho tiempo, siempre y cuando automatices el proceso. Hay numerosos programas de correo electrónico disponibles a precios asequibles para satisfacer una amplia gama de necesidades comerciales. Durante años, usé algunos de ellos y vi que eran muy eficientes y fáciles de usar. Sin embargo, debido al crecimiento de mi empresa, y al tamaño de la lista de contactos que mantenemos, ahora utilizamos otros programas más apropiados que le recomendaría a cualquier persona con más de 20 mil contactos en su base de datos.

La clave es enviarles correos electrónicos a estos contactos y clientes potenciales que no responden, no para tratar de venderles, sino para mantenerlos informados y al tanto de quién eres y a qué te dedicas. Proporciónales el contenido que creas que les beneficiará. Envíalo y agrega otro de otras fuentes o una combinación de ambos. Haz que sea un correo sencillo, pues quieres asegurarte de que llegar de esta manera no requiera demasiado tiempo de tu parte. Además, este procedimiento permite que el receptor del mensaje pueda leerlo y absorberlo rápidamente. Sin embargo, no veas el hecho de nutrir esta lista como una actividad clave, porque no lo es. Es mejor emplear tu tiempo tratando con gente que ya te está respondiendo.

Usa tu plan de prospección para guiarte cuando regreses a los nombres en tu lista de prospección "que no responden" y vuelve a tratar de comunicarte con ellos activando de nuevo tus mejores estrategias de prospección. Lo peor que puedes hacer es pasar un nombre a la lista de "no responde" y dejarlo allí, pues estarías manifestando que sientes que hay pocas probabilidades de que este contacto se convierta en un cliente. Si parecía posible que alguna vez pudiera serlo, lo más probable es que valga la pena que pruebes algunos enfoques diferentes para alcanzarlo antes de rendirte por completo.

Elige un camino y un auto diferentes

El hecho de que no obtengas la respuesta que estás buscando de un contacto no significa que no exista otro camino que tomar, ni un automóvil diferente que puedas usar. Aquí es cuando el enfoque correcto es acercarte a otra persona dentro de la misma compañía. Nunca te permitas pensar que no hay otra forma de llegar a la empresa a la que te propones contactar y prospectar. Mientras haya varias personas trabajando para la misma compañía, siempre habrá varias personas con las que te puedas conectar. Mi filosofía es apuntarle primero al contacto que sería tu mejor prospecto y luego construir desde allí si encuentras obstáculos por el camino. Lo peor que puede pasar es que obtengas más información y más contactos y lo mejor que puedes hacer es venderle a un nuevo cliente y más rápido.

CAPÍTULO 23

Convirtiendo un prospecto en cliente

No obtienes ninguna ganancia cuando tienes prospectos que no se deciden a comprar. Hace unos años, un amigo mío se retiró de su trabajo corporativo y quiso dedicarse a trabajar por cuenta propia. Eligió convertirse en planificador financiero. Tenía una personalidad positiva y muy buena actitud; además, la firma con la que estaba conectado era excelente. En pocas palabras, tenía todo a su favor, así que, cuando él comenzó, yo predije que tendría éxito.

Un año después, ya en su nuevo rol, quiso que nos reuniéramos para hablar sobre su estrategia de prospección y venta. Lo primero que me mostró fue un registro impresionante de todas las personas con las que se había reunido y también detallaba el número de veces y la duración de cada interacción con todas ellas. No pude hacer otra cosa que hacerle bromas con respecto a si también había incluido la cantidad de comidas y cafés que había comprado durante ese tiempo, así como de los eventos deportivos a los que había asistido en aras de prospectar. El hecho es que él vivía lo que yo llamo la "pesadilla del vendedor cuando prospecta". Su calendario estaba lleno de citas con contactos y prospectos, sin embargo, para su desdicha, se trataba de gente que terminaba no decidiéndose a comprar.

Su problema era su disposición a reunirse con sus contactos una y otra vez, pero sin un plan para llevarlos a avanzar en el proceso de venta. Para empeorar las cosas, su personalidad era, simplemente, ¡demasiado afable! Como resultado, aquellos con quienes se reunía no le decían "no", porque no querían decepcionarlo. Cuanto más le preguntaba sobre sus "prospectos", más me revelaba cómo la mayoría de ellos consistía en parientes, amigos o personas que conocía donde solía trabajar, así que aquellos que él pensaba que eran prospectos no lo eran ni en lo más mínimo. Hasta sería difícil llamarlos "contactos". Lo que él tenía eran personas que estaban dispuestas a reunirse con él porque pensaban que eso sería lo más cortés de su parte. En realidad, mi amigo no sabía separar los contactos de los clientes potenciales y, lo que es más importante, no sabía calificarlos para saber si se convertirían o no en clientes. No hay nada de malo en pensar que las personas que ya conoces podrían ser prospectos, pero pensar que son prospectos o clientes sin tener un plan para llevarlos al punto de tomar la decisión de compra es muy poco realista.

Tanto él como yo sentimos que, con el entrenamiento adecuado, él podría cambiar el estado de las cosas. Él incluso bromeaba diciendo que algún día se convertiría en el vendedor estrella de la firma. A pesar de eso, la situación no terminó en que él se convirtiera en ese magnífico vendedor que quería ser. Por el contrario, terminó renunciando a las ventas de forma permanente, pues no supo cómo hacer el cambio de tan solo querer hablar con la gente a llegar a convertirla en su clientela. Hoy, mi amigo está de vuelta en un trabajo corporativo y mi corazón sufre por él. Debido a su incapacidad para cambiar su enfoque, no pudo alcanzar ningún nivel de éxito, ni logró realizar su sueño de toda la vida.

Por desgracia, este tipo de situación ocurre con demasiada frecuencia. El vendedor tiene un gran contacto a quien incluso podría calificar como un buen prospecto, pero carece de las habilidades necesarias para avanzar con él hacia la meta. Nada puede ser más frustrante que eso para alguien que desea ser un magnífico vendedor; esa es la razón clave por la que escribí este libro, porque quiero darte las herramientas para obtener los contactos y prospectos que mantengan llena tu fuente de trabajo.

Y ahora, en este capítulo, describiré en detalle cómo hacer para llevar a los contactos y prospectos cada vez más cerca de convertirse en clientes. ¡Me encanta todo lo relacionado con hacer clientes! Ten presente que los contactos y prospectos son geniales, pero no ponen comida en tu mesa.

Sin embargo, no pierdas tu tiempo. Antes de probar las siguientes estrategias, es posible que desees volver a los capítulos anteriores en los que analizo cómo determinar si los prospectos son en realidad prospectos o apenas sospechosos de serlo.

Los 6 principios que debes tener en cuenta si quieres convertir a un prospecto en cliente

1. Nunca le proporciones al prospecto la información suficiente como para que tome una decisión sin ti.

2. Nunca permitas que un precio específico haga parte de la discusión durante la fase de prospección.

3. Nunca olvides que el activo más valioso que tienes es tu tiempo.

4. Nunca te dejes hipnotizar por el prospecto que te diga que quiere hacer negocios contigo ya mismo.

5. Nunca hagas contacto con un cliente potencial solo por hacer contacto. Debes tener un plan.

6. Nunca te abstengas de hacer una venta rápida por tratar de conseguir una gran venta.

Si te adhieres a estos 6 principios, no solo parte del tiempo sino todo el tiempo, te garantizo que tendrás más éxito en las ventas. No te desviarás tan a menudo, lo que te hará mucho más efectivo con tu tiempo. Para ayudarte en tu intento de usar el tiempo de manera más efectiva, permíteme agregar información sobre cada uno de estos seis puntos.

1. Nunca le proporciones al prospecto información suficiente como para que tome una decisión sin ti.

Cuando comparto este consejo, los vendedores lo rechazan argumentando que seguirlo solo requeriría de más tiempo, lo cual es contrario a todo lo que digo acerca de siempre intentar ser breves. Suena extraño, pero preferiría pasar unos minutos más con un prospecto respondiendo sus preguntas para acercarme más al cierre de la venta que tener que volver a comenzar todo el proceso con otro contacto después de haber trabajado tanto en el actual.

En realidad, lo que deseas es brindarle información excelente al prospecto por medio de correos electrónicos, mensajes de voz y otro tipo de mensajes, pero nunca lo informes tanto que ya no necesite hablar contigo. El motivo principal para dejar mensajes es lograr que él te vea como el experto que todos *deben* conocer.

A menudo, cuando estás sosteniendo una llamada que va bien, el prospecto te preguntará si *puedes* enviarle más información. Tu tendencia podría ser decirle que "sí", ya que quieres que él te vea como un vendedor conocedor del tema y enfocado en sus clientes. El caso es que decirle que sí sería un gran error, ya que al aceptar enviarle más información, corres el riesgo de que él tome alguna decisión importante sin tu asesoría. Este es un problema mucho más grande de lo que podrías imaginar y nos sucede a todos por una simple razón: porque queremos que los clientes vean que somos serviciales.

La solución a tal solicitud es decirle que *puedes* enviarle más información y al mismo tiempo programar una cita para revisarla junto con él. Entonces, se la envías justo antes de la cita, ya que esto te permite seguir en control del proceso. No permitas que el prospecto afirme que está demasiado ocupado para reunirse de nuevo contigo o que no quiere perder el tiempo. Este es el punto del ciclo de venta al que *deseas* invertirle tiempo. Nunca olvides esto: la razón por la que deseas revisar la información al mismo tiempo con el prospecto es porque necesitas comprender mejor sus necesidades y deseos específicos. Nunca sabrás cuáles son, a menos que estés en posición de hacerle preguntas.

2. Nunca permitas que un precio específico haga parte de la discusión durante la fase de prospección.

El único momento en que el precio entra en juego es cuando estás minimizando la oferta o cerrando el trato. Quiero enfatizar sobre la importancia de descubrir las motivaciones económicas del prospecto desde el principio de la etapa de su evaluación como prospecto, pero para hacerlo no tienes que darle señales específicas sobre el precio.

Prospectar tiene que ver con establecer el escenario determinando alguna necesidad del prospecto y ayudándole a darse cuenta de que tú eres el único que puedes ayudarlo a alcanzar el resultado que él tanto desea. Comienza a poner opciones de precios en la mesa durante las últimas etapas del proceso de venta, pero nunca antes de ese momento.

Es demasiado fácil asumir que cuando el cliente pide el precio, esto significa que ya está listo para comprar. Hace 20 años, eso podría haber sido cierto, pero hoy, en el 95% de las veces, cuando el prospecto pregunta el precio al inicio del proceso de venta lo que esto significa es que se trata de un comprador económico que está buscando precios lo más bajos posible. Cuando el prospecto te pide un precio demasiado pronto, lo mejor es responderle con una pregunta sobre su necesidad más crítica o sobre el beneficio deseado de los cuales te ha comentado. Tu objetivo es llevarlo a reflexionar con respecto a por qué decidió comentarte sobre esto.

3. Nunca olvides que el activo más valioso que tienes es tu tiempo.

¿Recuerdas al amigo que mencioné el principio de este capítulo? Argumentaré que casi cualquier vendedor, sea lo que sea que venda, puede encontrar "contactos". El problema es que estos "contactos" de los que podrías pensar que llegarán a ser "prospectos" en realidad no lo son. Los vendedores de alto rendimiento entienden este principio mejor que todos los demás y es por eso que son los mejores. No me canso de enfatizar en la importancia de verificar desde el inicio del proceso si el contacto que tienes es en verdad un prospecto. En últimas, tu objetivo es pasar *más* tiempo con *menos* prospectos. Piensa en eso por un momento. Lo que estoy diciendo es que no deseas que quienes nunca se convertirán en clientes consuman tu tiempo.

Cada contacto que hagas con un cliente potencial o prospecto debe tener un objetivo: acercarlo un paso más a convertirse en un cliente. Si no logras que avance, debes estar dispuesto a dejarlo ir. Como te comenté anteriormente, eliminarlo no significa que te olvides de él para siempre, solo significa que ya no le dedicarás más tiempo por el momento.

4. Nunca te dejes hipnotizar por el prospecto que te diga que quiere hacer negocios contigo ya mismo.

Casi siempre, la llamada telefónica urgente es un mal sueño a punto de convertirse en realidad. Más que todo, los nuevos vendedores quedan atrapados en esta estratagema. La persona te llama o te responde a través de tu sitio web diciendo que es un comprador motivado. En ese preciso "segundo del proceso", pasas de ser un cazador de ventas a convertirte en "un excelente funcionario de servicio al cliente". En el instante en que hagas eso, habrás perdido de varias maneras: te emocionaste por nada; perdiste el sentido de cómo calificar mejor a un cliente potencial y, en última instancia, perdiste tu tiempo.

El prospecto "emocionado" tal vez pueda estar emocionado, pero aun así, debes calificarlo. Fallar en calificar es fracasar en prospectar, y fracasar en prospectar es fracasar en cerrar, y al fracasar en cerrar no estás ganando dinero. No puedo explicártelo de manera más simple que esta. He visto demasiados vendedores nuevos que se desilusionaron al principio de su carrera en las ventas y renunciaron a ella porque se dejaron atrapar por la montaña rusa emocional de prospectos emocionados.

5. Nunca hagas contacto con un cliente potencial solo por hacer contacto. Debes tener un plan.

Si me pagaran $1 dólar por cada correo electrónico que recibo con la frase "Solo me estoy reportando" o con algún otro motivo deprimente en la línea de asunto, podría retirarme. Y los mensajes de correo de voz son aún peores. Cualquiera que haga una llamada patética para decir que "solo se está reportando" debería ser enviado a un desierto estéril como castigo. ¡Por favor, denme una buena razón por la que alguien que se llame a sí mismo un vendedor profesional pueda llegar a pensar que un mensaje como ese sería efectivo! No es efectivo con los contactos, ni con los clientes potenciales; es más, apostaría a que los clientes que ven a este vendedor como a un amigo también pensarían que ese es un mensaje patético. Si la llamada no tiene un propósito, ¿por qué llamar?

Si te consideras un profesional en ventas, entonces, siempre debes tener un motivo para hacer una llamada. Siempre hay información de la industria, una nueva idea o una actualización de una conversación anterior que te dará una razón valedera para hacer una llamada. No pienses ni por un momento que no tienes alguna razón para comunicarte. ¡Ponte en contacto y hazlo ahora mismo! Muchos prospectos desaparecen porque el vendedor no les hizo el seguimiento suficiente. Recuerda, solo porque estés pensando en ellos, no significa que ellos estén pensando en ti — ¡lo más probable es que no!

Si no estás seguro de qué se trata la llamada o el correo electrónico, úsalos para hacer una pregunta o dos con el fin de obtener comentarios sobre algo que tú y el prospecto ya hayan conversado. La razón por la que me gusta hacer una pregunta o dos es porque puedo usar las respuestas (o la falta de respuesta) del prospecto como guía para mi próximo paso. El prospecto que responde rápidamente es sin duda más comprometido y merece más de tu tiempo. Si no responde, eso no significa que no sea digno de tu tiempo, sino que esa podría ser una indicación de que necesita más de tu tiempo para que le ayudes a tomar la decisión de convertirse en cliente.

Otra forma de hacer una pregunta es enviarle un correo electrónico a tu prospecto con un documento que contenga información interesante para él y luego pedirle que te dé su opinión. El hecho de que le pidas que haga algo antes de responderte suele ser otra excelente manera de medir su disposición a comprometerse contigo. Muchas veces, todo lo que necesitas es brindarle al prospecto algunas oportunidades fáciles para que quiera entablar una conversación contigo y luego sí llevarlo al cierre.

6. Nunca te abstengas de hacer una venta rápida por tratar de conseguir una gran venta.

Seré el primero en admitir que este es un "nunca" con el que luché durante años. No fue hasta que pasé mucho tiempo con otro experto en ventas a quien respeto, Andy Paul, que llegué a apreciar por completo el valor de una venta rápida. Una filosofía de ventas con la que Andy está de acuerdo es con la venta rápida como una forma de garantizar que más adelante el prospecto se convierta en cliente. Por muy tentador que sea tratar de obtener una venta grande, siempre existirá el riesgo de no obtenerla —y habrás perdido la oportunidad de hacer una venta rápida.

La idea de lograr, por lo menos, una pequeña venta como una forma de comenzar la relación es excelente porque te permite construir tu estatus como vendedor y proveedor. Habrá ocasiones en las que este enfoque no sea apropiado, pero solo sería cuando grandes gastos de capital están en juego y debas ser visto como el principal actor en el mercado.

Tu capacidad para convertir un prospecto en cliente es, en última instancia, lo que determinará tu habilidad para ganarte la vida trabajando en ventas. No dejaré de enfatizar en la importancia de que te asegures de que tu tiempo y energía estén enfocados en hacer avanzar al prospecto hasta convertirlo en cliente. El prospecto que quiera esperar continuamente para tomar una decisión, o que no tome una decisión por una u otra razón, deberá ser catalogado como una amenaza para tu tiempo. Así las cosas, este deberá tomar bien sea la decisión de convertirse en cliente o de salir de tu lista de prospectos. Lo peor que puedes hacer es permitirle que mantenga el mismo *statu quo*.

Conclusión: ¡Sí, tú puedes hacerlo!

Puedes leer todo lo que quieras sobre prospectar y construir un gran plan de acción, pero hasta que no hagas algo al respecto, no obtendrás ningún resultado. Prospectar es la base del proceso de venta. Si te equivocas prospectando, lo más probable es que el resto del proceso también sea incorrecto.

Cada vez que estoy frente a un equipo de vendedores, ya sea en una reunión íntima o en un gran evento de ventas, mi consejo siempre es el mismo: no intentes aplicar todo de una vez. Tendrás mucho más éxito al tomar uno o dos conceptos clave y ponerlos en juego al nivel más alto posible. Después de que sepas cómo aplicarlos, comienza a aplicar otros dos. La idea es simple: tratar de hacer todo a la vez te abrumará y te llevará a la inconsistencia. Hasta sentirás la necesidad de rendirte por completo.

Las ventas son una gran profesión. Con cada año que paso en esta profesión, más la aprecio no como un trabajo, sino como una vocación. La considero una vocación porque me permite interactuar con infinidad de personas y, a la vez, compartir conocimiento y obtenerlo de cada una de ellas. La prospección es el punto en el proceso de ventas en el que podemos interactuar con la gente y es tal vez por eso que la disfruto tanto.

Concluiré compartiendo una lista que desarrollé hace un tiempo y está basada en más de 15 años de consultoría con miles de vendedores en todo el mundo. Cuando la leas, ten en cuenta una cosa: no hay nada en esta lista que no puedas lograr. Lo único que te lo impide es tu propia duda.

Las 10 cosas que los vendedores de alto rendimiento hacen regularmente

Los mejores vendedores...

1. Planifican su semana y ejecutan sus planes.

2. No permiten que el correo electrónico y otras actividades de rutina consuman su tiempo, ni interfieran en su enfoque mental.

3. Tienen un plan de prospección que siguen sin falta.

4. No desperdician su tiempo con clientes/prospectos que no estén en capacidad de comprar.

5. Aprenden continuamente y buscan maneras de mejorarse a sí mismos, y al hacerlo, observan a los demás y también aprenden de ellos.

6. Saben que el activo más importante que tienen es su propio tiempo.

7. Tratan a los miembros de sus empresas con el mismo nivel de respeto, comunicación y apoyo que les brindan a sus mejores clientes.

8. Se esfuerzan por conseguir un nivel de estándares que supere con creces lo que los demás esperan de ellos.

9. Se concentran en los objetivos y en todo lo que hacen y entienden cómo este hecho les permite ser disciplinados.

10. Tienen perspectivas positivas sobre sí mismos y sus entornos y nunca culpan a los demás, sino que aceptan su responsabilidad total en todo.

¿Estás listo para pasar al siguiente nivel? ¡Ahora, es tu turno!

Agradecimientos

Hay dos personas a las cuales no tengo cómo agradecerles lo suficiente y son Julie Sibert y Beth Mastre. Tengo la suerte de tenerlas en mi equipo. Sin ellas, ni me imagino lo perdido que estaría, y sí, ¡ellas también estarían de acuerdo en eso! Julie es incansable en todos los sentidos. Durante incontables horas, ella estuvo revisando y corrigiendo mis escritos. Gracias, Julie, por aguantarme y divertirme a lo largo del proceso de escritura del libro. Beth, gracias por tomar la iniciativa cuando surgió la idea de hacer otro libro. Tu sentido de qué escribir y para quién escribirlo fue inmejorable.

A lo largo de la vida, tenemos la suerte de desarrollar relaciones con personas que, con el tiempo, se convierten en fuentes confiables de información y apoyo. En mi propia vida, he tenido la bendición de contar con el apoyo de un grupo de expertos formado por personas increíblemente inteligentes. Mi más sincero agradecimiento a los miembros de este grupo, incluidos Miles Austin, John Spence, Anthony Iannarino, Mike Weinberg y Jeb Blount. Cada uno de ustedes es brillante y me complace llamarlos mis valiosos socios comerciales.

No podría hacer una lista de agradecimientos sin un agradecimiento especial a Jill Konrath. Nuestros caminos se cruzaron por primera vez hace varios años, ya que tuvimos el privilegio de compartir juntos el escenario y hemos sido amigos desde entonces. Jill, tu persistencia a lo largo de los años, y también tu perspicacia, me han ayudado mucho más de lo que nunca sabrás.

Gracias también a mi familia en National Speakers Association. Durante más de 10 años, he sido parte de ustedes, ¡y las amistades que he desarrollado realmente convierten a la asociación en una familia! Lo que he aprendido a nivel profesional y personal es mucho más de lo que podré devolverles.

¡Ahora, a los familiares que me conocen mejor que nadie! ¡Me casé sin la menor duda de hacerlo! Durante los últimos 35 años, he ido en un largo viaje en compañía de mi esposa, Ann Marie. Su paciencia, comprensión y, sobre todo, su disposición para soportar mis frecuentes viajes y mi obsesión con el trabajo desafían toda lógica. ¡Gracias, Ann Marie! Y gracias a mis dos hijos, Chris y Michelle. Ustedes dos son tremendamente especiales para mí. No me cansaré de agradecerles, como también a sus cónyuges, quienes es muy probable que ya se hayan dado cuenta de que cualquiera de sus malos rasgos proviene de mí y de que todos sus buenos rasgos los sacaron de su madre.

Tengo la suerte de estar rodeado de tantas otras personas con talento a quienes enumeraría si el espacio me lo permitiera. Todas ellas me brindaron información y apoyo para hacer que este libro cobrara vida. ¡Gracias a Dios, por hacer que todo suceda!

Sobre el autor

Mark Hunter, "The Sales Hunter", es solicitado alrededor del mundo por su innovador liderazgo en el campo de las ventas. Sus notas clave y de alta energía lo convierten en un orador deseable para una variedad de entidades, incluidas corporaciones como *Fortune 500* y compañías y asociaciones emergentes. Su lista de clientes incluye a BP, Novartis, Mattel, Coca-Cola y Salesforce, entre otros.

Junto con sus poderosas presentaciones, Mark Hunter también ofrece talleres de capacitación y consultoría. Su trabajo está basado en su comprensión del entorno de ventas actual, producto de más de 30 años de experiencia en ventas y como resultado de la silla que ha ocupado en primera fila trabajando con miles de vendedores en los cinco continentes.

Mark Hunter está casado y tiene dos hijos mayores y la esposa más solidaria que alguien podría tener. Él y su familia han construido su hogar en Omaha, Nebraska. (Sin embargo, afirma que su "hogar" más frecuente ¡es el asiento 3D de American Airlines!).

Mark Hunter te ayudará tanto a ti como o tu organización participando en tu próxima reunión de empresa y en todo tipo de eventos. Sus programas de alto nivel de interacción y energía pueden estructurarse como una nota clave o como una capacitación para un día completo o medio día, bien sea en vivo, a través de transmisión de video o de su programa de aprendizaje en línea, Breakthrough Sales Training University.